Christiane Kolb

Die richtige Frau für mich

Rezepte für eine glückliche Partnerschaft

Wie Männer eigene Fehler erkennen können

Mit Test: Die Richtige finden – und behalten

Rowohlt Taschenbuch Verlag

rororo Men'sHealth
Lektorat Bernd Gottwald

Für alle Männer, die Spaß und Glück erleben wollen
mit Ihrer Partnerin, die lieben und geliebt werden wollen,
und für Daniel.

Originalausgabe | Veröffentlicht im Rowohlt Taschenbuch Verlag, Reinbek bei Hamburg, Oktober 2004 | Redaktion Claudia Piras | Umschlaggestaltung any.way, Cordula Schmidt (Foto: electra Vision) | Satz Electra und Chantilly PostScript | Gesamtherstellung Clausen & Bosse, Leck | Printed in Germany | ISBN 3 499 61918 0

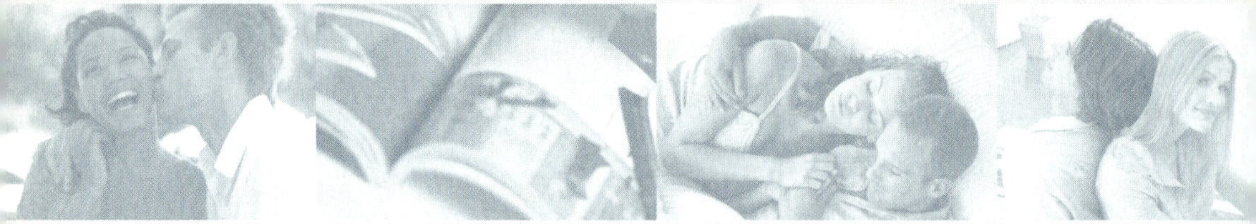

Was Sie hier erwartet

Boy meets girl: Die einfachste und zugleich komplizierteste Sache der Welt. Stoff für unzählige Hollywoodstreifen, genau wie für das einmalige Drehbuch Ihres Lebens. Dieses Buch macht Sie zum Regisseur Ihrer Liebe, denn Sie sollen den Erfolg der wichtigsten Liebesgeschichte der Welt selbst in die Hand nehmen – indem Sie die Hauptrolle der Richtigen geben und Ihren Star mit Verstand, Verständnis und Liebe an sich binden. Für ein Happy End forever.

Oder anders: Sie lernen eine tolle Frau kennen, Sie kommen mit ihr ins Gespräch, die Schöne zieht sich aus und bei Ihnen ein, aber irgendwann hören Sie diese Sätze:

«Du verstehst mich nicht.»

«Wir passen nicht zusammen.»

«Du bist nie für mich da.»

Schluss damit. Solche Aussagen sollen Sie nie wieder hören, denn Sie wollen und sollen doch Spaß haben mit einer wunderbaren Frau und mit ihr glücklich werden. Hier erfahren Sie, wie das geht. Denn dieses Buch geht Männer an, die schlauer mit Frauen umgehen wollen, egal, ob Sie noch eine suchen oder schon eine haben. Es beugt Problemen mit dem schönen, aber komplizierten Geschlecht vor – es ist immer besser, auf schwierige Situationen vorbereitet zu sein, um gelassener reagieren zu können.

Nun ist allgemein bekannt, dass Frauen schwierige Geschöpfe sind. Sie wissen nicht immer, was sie genau wollen, aber das verfolgen sie mit Vehemenz. Sie sind grundsätzlich untergeliebt, unterbekuschelt und unterkomplimentiert. Nicht immer will ein Mann allen weiblichen Forderungen nachkommen – das muss er auch nicht – doch wenn ein Mann die (zugegeben komplizierte) Mechanik der Frauen versteht, kommt er leichter mit den Mädels aus. Dies also ist eine Art Betriebsanleitung für die Frau – nach der Lektüre dürfen Sie sich zu einem Wissensvorsprung gratulieren, über die Macken, Zicken, Zacken und Zukunftswünsche von Frauen wissen Sie dann Bescheid – und können damit umgehen.

Machen Sie sich also fit fürs Beziehungsleben und werden Sie hundertprozentig glücklich. Das ist gar nicht so schwer.

1. Die Richtige:

So sollten Sie suchen

Sie suchen die Richtige oder fragen sich, ob ‹sie› es ist? Okay. Dann sind Sie hier richtig, denn hier geht es nicht ums Flirten, Daten oder Kennenlernen, auch nicht um den richtigen Ort dafür oder die erfolgversprechendsten ersten Worte. Nein, denn Sie sollen nicht erfahren, wie man *irgendeine* kennen lernt: Hier geht es vielmehr darum, gleich *die Richtige* zu finden und dazu gehört, erstens auf die richtige Weise zu suchen, zweitens gezielt nach der passenden Frau Ausschau zu halten und drittens zu wissen, was bei Partnern überhaupt «passen» muss für eine gute Beziehung. Deshalb geht es hier zurück auf Los, zum Ursprung der Schatz-Suche. Diese Überlegungen lohnen sich für alle Männer, Singles, frisch Verliebte und Gebundene:

- **Singles** können mit den Denkanstößen dieses Kapitels ihr Wunsch- und Zielobjekt sowie den Suchmodus optimieren. Nur wer schlauer und genauer weiß, was und wie er sucht, wird eine Frau finden, mit der er glücklich wird (und bleibt).
- **Frisch Verliebte** können dank vielfältiger Informationen nochmals bedenken, was wünschenswert ist, um eigene Fehleinschätzungen zu vermeiden. Und Sie können mit dem später folgenden Frauen-Check die aktuelle Partnerin auf den Prüfstand stellen. Dazu dienen auch die Kriterien aus dem Abschnitt «Was eine Frau mitbringen muss».
- Alle (noch) nicht bombenfest liierten **Liebenden** erhalten einigen schlauen Input zum Verlieben generell, zu Liebesmythen und Verliebtheitsgefühlen. Die ersten gemeinsamen Wochen und Monate sind nämlich eine gefährliche Zeit, in der man gerne mal den Kopf verliert. Besser, man wirft zwischendurch mal das Gehirn wieder an und überlegt, ob man übers Ziel hinausschießt und seine Zeit plus die kostbaren Gefühle nicht vielleicht an die Falsche verschwendet – oder bei der Richtigen unverzeihliche Fehler macht, auweh. Am Anfang übersieht man nämlich leicht wichtige Dinge, gibt leichtfertig viel von sich auf oder geht ungute Kompromisse ein. Das bereut man später, wenn die ersten Dummheiten die Beziehung belasten. Hüten Sie sich davor.
- Auch **Männer in einer festen Partnerschaft** können von den Richtigstellungen zur «Richtigen» profitieren – schließlich können sie mit dem neuen Wissen um die Frau das aktuelle Zusammenleben und die gemeinsame Zukunft positiver gestalten: so, dass das Zusammensein noch mehr den eigenen Vorstellungen entspricht und die Beziehung schöner wird und länger hält.

Sieben Mythen über die Traumfrau – oder: Suchen Sie die Richtige?

(Falsche) Annahmen zum Thema «Die perfekte Frau»

Hier geht es also um all die Vorstellungen in unseren Köpfen, die die Suche nach der Richtigen bestimmen. Männer (und Frauen natürlich auch) stehen sich dabei ziemlich oft selbst im Weg, denn es gibt ein paar typische Sprüche und Sätze zum Thema Liebe, die schlichtweg falsch sind, an denen jedoch viele Menschen festhalten. Glauben Sie nicht alles, was man sagt, sonst machen Sie sich unglücklich. Wer diesen Mythen folgt, lässt sich von unrealistischen Ansprüchen an eine einzig wahre, perfekte Frau und von falschen Idealen der Liebe leiten. Deshalb werden diese üblichen Weisheiten jetzt und sofort infrage gestellt und Fehlschlüsse erklärt, damit Sie in Zukunft bitteren Enttäuschungen aus dem Weg gehen können. Sieben Mythen zum Thema «Die Richtige» – und dann nie mehr darauf reinfallen!

MYTHOS 1: «Ich finde nie die Richtige (… denn ich verliebe mich immer in die Falsche).»

Echt? Darf man raten, wie das abläuft? Bestimmt so: Erst ist die Dame genau der Treffer ins Schwarze, Stecknadel im Heuhaufen, endlich gefunden. Die Wunderbare ist wirklich aufs i-Tüpfelchen so, wie man es sich erträumt hat. Man erzählt allen Freunden davon und kann an nichts und niemanden sonst denken. Alle Leitungen sind blockiert. Die ersten Wochen, vielleicht Monate sind genial, aber dann folgt ein Megaabsturz, und die Frau zeigt «plötzlich» ihr «wahres Gesicht». Wenn diese Sequenz im Leben immer wieder abläuft, ist das ein Zeichen, denn Wiederholungen tragischer Szenen im Liebesleben sind kein Zufall, meist inszeniert man sie selber mit, ohne es zu wissen, auch wenn man das Gefühl hat, «das passiert mir eben». Die Schlussfolgerung: Man sollte ein wenig aufmerksamer gucken, in welche angeblich so perfekte Frau man sich jeweils Hals über Kopf verliebt – und wie das abläuft. Nehmen Sie die Sache unter die Lupe, um das verhängnisvolle Muster zu durchbrechen:

Typ-Frage: Wie man die eigene Definition von «Die Richtige» erkennt und verändert

SCHRITT EINS bedeutet Bilanz ziehen. Erinnern Sie sich: Wie waren die Frauen, mit denen Ihnen das passiert ist? Haben die Ladys etwas gemeinsam? Gibt es einen ganz bestimmten Typ Frau, der Sie anzieht? Was genau finden Sie an solchen Mädels immer wieder so gut, dass Sie schwach werden? Das ist Ihr wunder Punkt. Vielleicht haben Sie bisher immer vergessen, den Rest gebührend zu beachten.

SCHRITT ZWEI heißt, sich darüber klar zu werden, was am Ende schrecklich war an der oder den Frauen. Was war genau das Problem mit ihnen? Dann vergleichen Sie: Was hat das mit dem Charakterzug zu tun, der Sie erst so sehr begeistert hat? Ein Beispiel: Oft sucht und liebt man, was man selbst nicht hat, ist zu Anfang hellauf begeistert von diesen Eigenschaften – aber auf die Dauer kommt man genau damit nicht klar, weil das anstrengend ist. Eben, weil die Partnerin so anders funktioniert als man selbst, ihr Naturell so schwer zu verstehen ist. Eher in sich ruhende Männer etwa sind häufig fasziniert von einem superquirligen Gegenpart, einer Frau, die locker losplappert und offensiv flirtet. Leider macht das die Süße auch noch, wenn er und sie ein Paar sind. Der Mann ist dann schnell genervt ob ihrer Unruhe und ihrem ständigen Geplapper oder wird (zu Recht) eifersüchtig, weil Madame ständig um andere Männer herumschwirrt. Sprich: Was zuerst ganz toll war, ist auf die Dauer eine Streitquelle und am Ende vielleicht sogar ein Trennungsgrund.
Das sollte man bedenken. Ähnliches kann genauso mit einer sehr intellektuellen, einer auf ihr Aussehen und damit Äußerlichkeiten bedachten, einer sportlichen, lustigen, schweigsamen, fürsorglichen, egoistischen Frau passieren. Blenden Sie also unangenehme Dinge nicht aus, im Gegenteil, spüren Sie sie auf. Was ist akzeptabel, was geht nicht?

SCHRITT DREI heißt, die Wahrnehmung zu aktivieren. Achten Sie in der nächsten Situation, in der Sie neue Frauen kennen lernen, auf genau die Charakterzüge, die Sie zuerst so richtig elektrisieren, und überlegen Sie dann, ob diese wirklich ganz von Herzen zu Ihnen und Ihrem Lebensstil passen. Werden Sie sich ein wenig stärker der flüchtigen Dinge bewusst, die Sie an der Oberfläche suchen, und der Eigenschaften, die Sie selbst für eine gute Partnerschaft ganz essenziell finden. Beobachten Sie Ihre eigene Reaktion beim Flirten und Frauengucken.

SCHRITT VIER führt dazu, dass Sie von nun an ein bisschen besser über sich Bescheid wissen und dass sich Ihr Bild von der perfekten Frau unmerklich verschieben wird. Beim nächsten Bummel oder auf der nächsten Party werden Sie die Mädels mit Ihren neuen Kriterien scannen, mit den Dauer-Kriterien statt den Kurzfrist-Zielen. Bestimmt sind Ihnen ab jetzt ein paar oberflächliche Attribute nicht mehr ganz so wichtig. Vielleicht kommen Sie sogar so weit, dass bei den «falschen» Signalen ein Rotlicht in Ihrem Kopf aufleuchtet (schon wieder so eine, flirtet mit jedem, das gibt nur Ärger …) und ein grünes Licht angeht, wenn eine Frau Qualitäten zeigt, die vielversprechend sind fürs Glück auf Dauer. Sie werden sehen: Sie haben bisher vielleicht nach der Falschen gesucht statt nach der Richtigen.

Frauen sind in dieser Sache übrigens auch nicht besser, auf der Gegenseite passiert oft genau dasselbe, schließlich sind Frauen auch extrem begabt darin, sich in den Falschen zu verlieben. Lesen Sie dies zur Unterhaltung und Erbauung.

Sicher haben Sie sich schon oft gefragt, warum praktisch alle Frauen am Anfang ihrer Liebeskarriere nichts Besseres wissen, als sich einem coolen Schönling an den Hals zu werfen, und so einem dann noch nachzulaufen. Die Antwort ist einfach: Diese Frauen wissen noch nicht, was wichtig ist bei einem Mann, sie suchen ebenfalls den Falschen statt den Richtigen. Sie haben noch einen schmerzlichen Lernprozess vor sich, denn sie werden von den scheinbar anbetungswürdigen Kühlschränken und Hartschalenkoffern so viele Male schlecht behandelt, hintergangen oder geext, bis die Mädels endlich kapieren: So ein Mann ist aus der Ferne schön, im Film und im Roman, im täglichen Leben jedoch eine Katastrophe. Aha. Es macht klick. Dann erst verstehen Frauen, dass Typen wie Peter, Paul, Wolfgang oder Sie (gut aussehende, nette Kerle mit Herz und Verstand) eigentlich viel cooler sind. Erst dann reift die Erkenntnis, dass der gute Kern zählt, nicht die harte Schale. Man braucht einen, der kühn genug ist, um in ganz normalen menschlichen Situationen, beim Geburtstagskaffee mit der besten Freundin, beim Abtanzen auf der Fete, beim Geschäftsessen und beim nächsten Familienfest mitzumachen, nicht einen, der zu cool ist für diese Welt.

MYTHOS 2: **«Ich suche die Frau meines Lebens.»**

Es ist eine romantische Vorstellung, dass es für jeden Mensch auf Erden nur einen passenden Partner gibt, man muss ihn oder sie nur finden. Schön ist der Gedanke ja, aber trotzdem «QmS», also «Quatsch mit Soße», das bestätigen sogar Experten: «Es ist ein Mythos, dass es nur die eine Frau im Leben gibt, die für uns bestimmt ist», sagt Dr. Robert Epstein, bis vor kurzem Chefredakteur der Zeitschrift ‹Psychology Today›, jetzt Professor für Psychologie an der Alliant University in Kalifornien und ein echter Experte fürs Thema Verlieben. Er meint: «Die Einzige und keine andere, das ist in Märchen und in Hollywood-Filmen so. Realistisch gesehen ist es jedoch so: Sie können im Prinzip mit jeder Frau eine Beziehung haben, die Sie anziehend genug finden.»

Seine Einstellung ist extrem, denn Epstein behauptet darüber hinaus, man könne sich willentlich, mit Absicht in irgendeine verlieben und hat das in einem Selbstexperiment versucht (dazu später). Als ihn auf einer Tagung zum Thema Partnerschaft ein Journalist fragte: «Was glauben Sie, in wie viele Frauen kann ich mich verlieben?», antwortete Epstein: «Überlegen Sie einmal, wie viele Frauen es auf der Erde gibt, und wie viele davon Sie attraktiv genug finden. Das ist die Zahl, nach der Sie fragen, denn Sie könnten sich in jede von ihnen verlieben!» Abgesehen davon, dass Ihnen einfach zu wenig Zeit bleibt, um das durchzuziehen, kann man aus Epsteins Aussage folgern: Wenn Sie weiter glauben, es gäbe nur die eine, können Sie noch lange suchen. Kein Mensch auf dieser Erde wurde je geboren, um genau zu Ihnen zu passen. Vielleicht suchen Sie sogar nach etwas, was es so gar nicht gibt. Wenn Sie offener werden, können Sie sich in Verena verlieben, die Sie morgen treffen, oder aber übermorgen in Karla oder nächste Woche in Christina. Ach ja, wie hieß die hübsche Freundin einer Freundin von gestern Abend noch? Die Folgerung daraus heißt: Engen Sie die Suche und die Kriterien nicht unnötig früh ein. Es gibt mehr als eine für Sie. Wenn Sie das wissen, können Sie die Sache auch viel gelassener angehen.

MYTHOS 3: «Sie muss genau zu mir passen.»

Muss sie nicht. Epstein sagt: «Die einzige Voraussetzung, die es für potentielle Liebespartner gibt, lautet: Man sollte sich körperlich zu einem Mindestmaß angezogen fühlen. Das motiviert uns nämlich nicht nur zum Sex, sondern auch dazu, einander besser kennen zu lernen.» Also: Beide sollten einander auf der körperlichen Ebene attraktiv finden, das ist wichtig. Darüber hinaus ist es von Vorteil, wenn jeder die wichtigsten Eigenschaften des anderen mag oder zumindest akzeptiert – weiter gibt es keine Beschränkungen. Wenn zwei Menschen zusammenkommen und -leben, sind ein paar Lebensbereiche immer Kompromissgebiet. Es ist mal mehr, mal weniger anstrengend, aber nie perfekt.

Wenn Sie wirklich noch an Märchen wie «Sie waren für einander bestimmt» glauben, sollten sich einen Schimmel und eine Ritterrüstung besorgen, und ab damit auf die Landstraße, vielleicht finden Sie ja Rapunzels Turm oder Dornröschens Schloss. Sollten Sie jedoch der Falsche sein, lässt die Prinzessin einfach das Haar nicht herab oder Sie kommen nicht durch die Hecke, dann sitzen Sie da. In den schlimmeren Märchen werden die unpassenden Prinzen sogar getötet. Bester Rat: Reiten Sie woanders hin, vielleicht kommt eine schmucke Bauerntochter vorbei, dann greifen Sie zu, bevor Ihre Rüstung rostet. Es gibt viele Frauen, die sich erst mit der Zeit als die wahre Prinzessin entpuppen.

Epstein nennt als leuchtendes Beispiel noch ein imperfektes Paar, das perfekt glücklich ist: «Meine Eltern passen theoretisch gar nicht zusammen, aber sie leben eine tolle Partnerschaft. Es gibt kaum feste Regeln, welche Dinge bei Paaren übereinstimmen sollten.» Die Regeln, die wissenschaftlich untersucht sind, lernen Sie in wenigen Seiten kennen. Sonst gilt: Vieles kann man passend machen, und anderes ist nicht so wichtig, wie man denkt.

MYTHOS 4: «Ich stehe nur auf einen bestimmten Typ Frau.»

Genau, zum Beispiel Blondinen mit Körbchengröße Doppel D und einem IQ von 122, außerdem sollte Ihre Traumfrau einen Leberfleck auf dem rechten Busen haben, Russisch verstehen und einen lila Goldhamster besitzen. Sonst noch was? Muss man Ihnen eine Frau backen? Prüfen Sie, ob Zielkonflikte vorliegen, was Ihre Ansprüche betrifft, also ob die einzelnen Anforderungen, die Sie stellen, überhaupt miteinander kompatibel sind. Madame soll superschick sein, aber zugleich burschikos genug, um mit Ihnen ins Fußballstadion (oder auf den Campingplatz oder im Matsch spazieren) zu gehen? Eine Blondine mit IQ 122, die jedoch nicht in jeder Situation alles besser weiß? Oder wollen Sie eine, die ganz unabhängig lebt, aber Sie zugleich gern umsorgt oder bekocht? Sie soll hartnäckig eine Karriere verfolgen, aber Sie wollen ja auch fünf Kinder? Sie soll bodenständig sein, aber Verständnis haben, wenn Sie rumspinnen und spontan nach Asien reisen wollen? Hm. Sie sehen, worauf die Fragen abheben: Sortieren Sie mal Ihre Prioritäten.

MYTHOS 5: **«Ich glaube fest, dass sie bald auftaucht.»**

Das sagt mancher Mann und lebt fortan seinen Norm-Alltag, eine Einsiedlerexistenz, in der er in der Regel null Chancen hat, auch nur eine einzige interessante Frau im fraglichen Alter kennen zu lernen. Am besten schiebt unser Herzblatt-Kandidat noch eine 70-Stunden-Woche, dann bleibt gleich gar keine Zeit für ein Privatleben. Woher soll da bitte die neue Liebe kommen? Nein, so geht das nicht. Frauen werden nicht frei Haus geliefert, es sei denn, man ist so weit gekommen, dass man in Katalogen bestellt. Robert Epstein rät: «Wer einen Partner sucht, sollte sich aktiv umsehen, neue Dinge tun und dort hingehen, wo man auch wirklich Leute kennen lernt, in Vereinen, Kursen, während Aktivitäten, bei denen man ins Gespräch kommt.» Recht hat er. Aber: Kinos, Theater, Bars, Clubs sind zwar Orte, an denen die richtigen Frauen sind, aber heutzutage will dort kaum jemand von einem Fremden angesprochen werden, man ist schließlich mit Freunden da. Vielversprechender sind Seminare, Fortbildungen, Hobby-Treffs (Vorsicht bei reinen Männer-Hobbys, denken Sie eher in Richtung Spanischkurs, Lauftreff, Rhetorikseminar, Flohmarkt …) oder private Partys, Dating-Events, Reisen für Singles, Clubreisen. Die Dame *kann* in Ihr Leben treten. Vielversprechender ist aber eine Strategie, in der Sie in das Leben der Dame treten. Dann müssen Sie schon nicht so lange warten.

MYTHOS 6: «Man kann Liebe nicht planen.»

Das geht alles von selber, sagen Sie? Da sind Zweifel angebracht. Wenn Sie alles blindlings und mit rosa Brille so laufen lassen (wie immer), endet es im Chaos (wie immer, immer wieder). Psychologieprofessor Robert Epstein hält es sogar für gemeingefährlich, wenn Menschen sich einfach so verlieben, weil dabei so viel danebengehen kann. Studien zeigen, so der Professor, dass arrangierte Ehen länger halten als auf romantische Liebe basierende Partnerschaften. Eine von ihm zitierte Untersuchung aus Indien beweist sogar, dass die Partner nach zehn Jahren tiefere Gefühle teilen als Liebesverheiratete, selbst wenn Scheidung ein akzeptierter Ausweg aus der arrangierten Ehe wäre.

Epstein meint deshalb, ohne Herzklopfen und weiche Knie ginge es besser mit der Liebe und hat im Selbstexperiment versucht, sich nach Plan in eine wildfremde (zugegebenermaßen sehr hübsche und sympathische) Frau zu verlieben, nach einem selbst erstellten Plan. Er behauptet, mit Erfolg und rät: «Auch wenn es unromantisch klingt: Überlassen Sie nicht dem Zufall, in wen Sie sich verlieben. Dazu ist die Liebe in Ihrem Leben viel zu wichtig!» Suchen Sie also, prüfen Sie und planen Sie. Gewisse Dinge lassen sich doch steuern: Ein wenig die Wahl der Frau (bewusster passend zu Ihnen, bitte) und dann mit der Strategie, mit der Sie beim Kennenlernen vorgehen (vorsichtig und wachsam, nicht blindlings). Wie man das Verlieben ein bisschen besser kontrollieren kann, erfahren Sie im Einmaleins des Verliebens (Seite 18).

MYTHOS 7: «Mit der Richtigen läuft die Beziehung wie von selbst.»

Vielleicht denken Sie, wenn man sich nur genug liebt, versteht man sich automatisch, und das bleibt auch so, es gibt keine Probleme. Und wenn es Stress gibt? – Passt man eben nicht zusammen. Träumen Sie weiter. Liebe kommt auch von lieben können. «Wie bei einem Beruf braucht man auch in der Liebe ein paar Fähigkeiten, damit man weiterkommt», sagt Epstein. Natürlich wäre es am schönsten, wenn man immer gleicher Meinung wäre, und am Anfang ist das auch so. Auf die Dauer jedoch ist das nicht realistisch. Es ist deshalb nötig, Konfliktkompentenz und Kommunikation in aller Liebe zu kultivieren, denn eine Partnerschaft bedeutet immer zwei Menschen, zwei Köpfe, zwei Stühle, zwei Meinungen. Konflikte konstruktiv lösen können und gut zu kommunizieren sind tatsächlich mit die wichtigsten Bausteine glücklicher Beziehungen, wichtiger noch als das verrückte Gefühl am Anfang oder passende Charaktereigenschaften. Es ist auffällig, dass von Experten meist Aspekte genannt werden, die wir selber steuern können, Eigenschaften und Fertigkeiten, die man weiterentwickeln und trainieren kann. Man kann also viel zum Gelingen der Liebe beitragen.

Wie man sich RICHTIG verliebt

Sie sollen sich jetzt nicht absichtlich in die Erstbeste verlieben, Herzklopfen und weiche Knie gehören dazu, und nicht immer ist alles realistisch, was ein Professor im Selbstversuch probiert. Aber die Ratschläge, die Dr. Epstein aus der Forschung ableitet und die er in seinem Experiment so erfolgreich fand, können Ihnen beim Verlieben helfen – damit Sie nicht in die verführerischen Fallen tappen, die sich am Anfang automatisch öffnen.

Das Einmaleins des Verliebens

1. Augen auf! «Am Anfang droht die größte Gefahr, denn man ist buchstäblich blind vor Liebe», sagt Epstein. Man sieht nur die wunderbaren Seiten der Geliebten, und bei fragwürdigem Verhalten drückt man ein Auge zu. Öffnen Sie die Augen lieber. Werden Sie sich über die Schwachstellen der Angebeteten klar, und überlegen Sie, ob Sie auf Dauer damit zurechtkommen würden. Man kann auch Vertrauenspersonen dazu befragen, Außenstehende sehen mögliche Probleme deutlicher. Fragen Sie nach einer möglichst neutralen Meinung. Es geht nicht darum, die Beziehung wegen ein paar Kleinigkeiten abzubrechen, es bedeutet nur, dass man sich schon im Vorhinein ein wenig klarer werden soll über die kleinen und großen Fehler der attraktiven Dame. Dann sieht man schon früh klarer, was einen erwartet und wie man darauf reagieren will.

Beispiel: Sie findet Ihr Lieblingshobby ziemlich doof, das ist Ihnen erst mal egal. Aber auf die Dauer wird Madame akzeptieren müssen, dass Sie pro Woche einen Abend damit verbringen wollen. Wehe, die Tusnelda versucht, Ihnen das abzugewöhnen. Geben Sie bei wichtigen Dingen nicht vorschnell und um des verliebten Friedens willen nach. Wer jetzt zu viel von sich aufgibt, wird sich das (und bald auch ihr) sicher später vorwerfen. Wenn Sie solche Dinge schon jetzt im Ansatz erkennen, können Sie früh manches in vernünftige Bahnen lenken und spätere Probleme verhindern.

2. Scanner an! Wie schützt man sich davor, die Falsche zu erwischen? Ganz einfach indem man versucht, die Person, in die man sich gerade verliebt, möglichst gut kennen zu lernen. Ergo: Viel unternehmen und noch viel mehr nachfragen, nicht an der Oberfläche Halt machen. So läuft man nicht Gefahr, böse Überraschungen zu erleben («So ist sie wirklich?»). Robert Epstein meint außerdem: «Man kann nur jemanden lieben, den man wirklich gut kennt.» Das leuchtet ein, denn sonst verliebt man sich in die Traumversion eines Menschen, die mehr den eigenen Erwartungen und Wünschen entspricht als der realen Person – solche Verwechslungen tun am Ende nur weh, und zwar beiden!

Beispiel: Sie dachten, die Liebste ist nie eifersüchtig. Sie sagte: «Nein, jeder soll seine Freiheit haben, ich bin nicht besitzergreifend,» Aber nach einem halben Jahr macht Ihnen der gekränkte Engel (Sie mussten leider wieder länger arbeiten und wollten noch zum Sport) dauernd die Hölle heiß. Hätten Sie lieber genauer nachgefragt, als die Dame so empört von ihrem Ex erzählte, der angeblich nie für sie da war.

3. Vorsicht beim Sex! Hundertprozentiges Verständnis im Bett bedeutet nicht gleich hundertprozentiges Verstehen auf der Gefühlsebene, und das, obwohl es ‹Liebe machen› heißt. «Männer verwechseln am Anfang oft Lust mit Liebe», warnt Epstein. «Die Forschung zeigt außerdem, dass ‹Liebe auf den ersten Blick› meist ‹Lust auf den ersten Blick› ist.» Prüfen Sie also, was Sie wirklich fühlen, und lassen Sie sich nicht von den nackten Tatsachen verwirren, so erfreulich die auch sein mögen (oder bitte nur kurz, in Ihrem eigenen Interesse …). Für eine Partnerschaft wäre wichtig, dass sich parallel zur Bettbeziehung auch eine emotionale und platonische Anziehung entwickelt, dass beide mehr als nur erotische Vorlieben teilen.

Beispiel: Sie verstehen sich im Bett ohne Worte, und es ist himmelerbebend schön. Sie kommen jedes Mal miteinander, das ist Ihnen noch nie passiert. Das muss Liebe sein!? Nein. Es ist Liebe, wenn Sie sich nach dem Sex (oder dazwischen) auch in tausend anderen Dinge zusammenkommen. Im Gespräch, beim Genießen, beim Lachen, beim Leiden …

4. Achtung, Sex verführt zur Liebe! Sie sollten bei den ersten Tagen und subsequenten Liebesnächten unbedingt beachten, dass für Frauen Sex oft Liebe bedeutet. «Männer wollen oft schneller Sex als Frauen», sagt Epstein, «aber wenn Frauen sich hingeben, sind sie mit den Gefühlen meist weiter als die Männer.» Nicht wundern also, wenn dann schnell die Beziehungsfrage von der Dame gestellt wird, schneller, als Sie diese beantworten wollen. Mädels wollen ruckzuck mehr als den wunderbaren Körper des Mannes, was denen wiederum viel zu schnell geht. Also Vorsicht, wenn Sie noch Zeit brauchen, um sich über Ihren emotionalen Status klar zu werden, setzen Sie sich nicht mit frühem Sex selbst unter Zugzwang.
Beispiel: Nach der ersten (körperlichen) Liebes- und Leibesertüchtigung sagen Sie: «Ich geh dann mal!» – Die Antwort der Dame: «Ich dachte du bleibst noch, bis meine Eltern kommen.» – «Was? Wir kennen uns doch erst zwei Wochen!»

5. Liebe ohne Worte! Schön ist das, wenn man sich taub und stumm liebt, also ohne Worte versteht. Aber auf Dauer fehlen sie, denn selbst «wahre Liebe» braucht Kommunikation, von selber geht's nicht (auch wenn uns das einige Schlauberger weismachen wollen). Epstein gibt zu bedenken: «Männlich sein bedeutet in unserer Kultur still zu sein, und vor allem bei Problemen stumm zu leiden. Um als echter Mann zu gelten, muss man praktisch schlecht kommunizieren.» Sich zu verhalten wie die Kerle aus den Western hilft aber bekanntermaßen im echten Leben nicht, schon gar nicht in Sachen Liebe. Epstein rät sogar zu Beratungsgesprächen, um die Kommunikationsfähigkeit zu stärken, aber so weit müssen Sie ja nicht gehen – Sie lesen schließlich dieses Buch.
Beispiel: Frau sagt: «Wir müssen und über etwas unterhalten.» Mann denkt: «Och ne», oder: «Sie liebt mich nicht.» Tut sie doch, aber es gibt offensichtlich ein Problem, über das Sie reden sollten. Lösen Sie es, statt entmutigt abzuwinken.

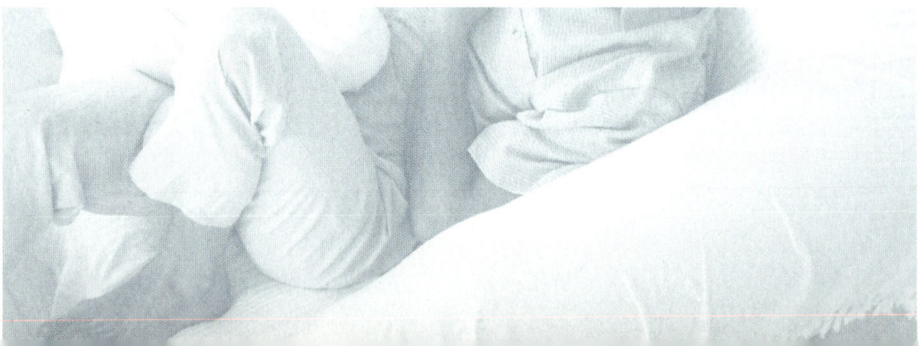

Ganz grundsätzlich: Was muss passen – was nicht?

Später (S. 36) erwartet Sie (und die Wunsch-Partnerin) ein Test, der auf eher humorvolle Weise klärt, ob die Frau, die Sie an der Angel haben, zu Ihnen passt, ob Sie in grundlegenden Mann-Frau-Problem-Situationen gut reagiert und das Wesen des Mannes an und für sich versteht (oder zumindest damit umgehen kann). Jetzt aber kommen erst noch ein paar harte Fakten zum Thema «Was passt zusammen» auf den Tisch. Natürlich checken Mann und Frau beim Verlieben (hoffentlich) nicht erst eine Latte von Bedingungen ab, bevor die Knie weich werden. Im Gegenteil, ob beide interessiert sind, zeigt sich auf den ersten Blick.

Auf den zweiten Blick jedoch ist es von Vorteil, ein paar Infos zum Thema «Was passt» zu haben. Einige Zusammenhänge sind sogar wissenschaftlich untersucht, denn diese Eigenschaften fanden Forscher bei Paaren, die lange und glücklich zusammenleben. Diese Faktoren erhöhen die Wahrscheinlichkeit für eine glückliche Partnerschaft. Es muss nicht alles auf jedes Paar zutreffen, aber je mehr, desto besser. Entscheiden Sie anhand der Anhaltspunkte selbst, was Sie für sich für richtig und wichtig finden. Also: Welche Paarungen sind erfolgversprechend – als Frage-Antwort-Spiel.

FRAGE: Hochheiraten – oder ein Aschenputtel erlösen?

Antwort: Der Punkt klingt banal, ist aber offensichtlich eine wichtige Voraussetzung für die zufriedene Partnerschaft: Gleichheit der Partner erwies sich bei vielen Untersuchungen als ein bedeutender Stabilisierungsfaktor. Sehr erfolgversprechend scheinen große Übereinstimmungen der Partner bei demographischen Daten, also Alter, sozialer Schicht, Religion, Einkommen und Bildung, wie Diplompsychologe Georg Felser von der Universität Halle in Studien herausfand: «Wir wissen, dass Partner sich in der Regel erheblich ähnlicher sind, als es eine Zufallsverteilung ergeben würde.» Also gilt in der Liebe eher ‹Gleich und Gleich› gesellt sich gern, statt ‹Gegensätze ziehen sich an›.

Man kann vermuten, dass der Durchschnittsverdiener mit dem Aschenputtel oder der Millionenerbin früher oder später heftigere Probleme bekommt als mit einer ihm ähnlichen Partnerin. Ähnliches trifft auch auf Partner aus einer anderen Kultur und Religion zu oder einem extrem mehr oder weniger gebildeten Gegenpart. Bitte nicht falsch verstehen: Das soll nicht heißen, dass so eine Partnerschaft nicht funktionieren kann, es soll nur zeigen: Genau an den Punkten der Ungleichheit kann es auf die Dauer zu Konflikten kommen, die nicht leicht zu überwinden sind, weil beide Partner einen ganz anderen Blick auf diese Themen und von klein auf zu Hause andere Erfahrungen und Einstellungen dazu vermittelt bekamen.

FRAGE: **Darf es Zielkonflikte im Lebensplan geben?**

Antwort: Eher nein, was Lebensziele, Lebenskonzept, Sinn des Lebens, Wertvorstellungen und das Familienleben angeht. «Am wichtigsten ist die Ähnlichkeit wohl in Zielen, Werten, Meinungen und Lebensauffassungen», meint auch Dr. Felser. Die großen Grundwerte im Leben sollten also übereinstimmen oder sich zumindest einander annähern lassen, denn sie werden schnell konkret und im gemeinsamen Lebensalltag entscheidend. Wie wichtig ist Sport? Wie wichtig ist Faulenzen? Wie wichtig ist Natur? Wie wichtig ist ein eigenes Haus? Wie wichtig ist Ordentlichkeit? Wie wichtig ist der Job? Wie wichtig ist Familie? Wollen beide Kinder oder beide nicht? Wenn da wenig passt, können Sie eine zufriedene Zukunft vergessen, denn zuvor müssen Sie all diese lebenswichtigen Konflikte lösen, und zwar so, dass beide mit den Kompromissen gut leben können. Das ist anstrengend. Solche grundsätzlichen Themen blendet man in der totalen Verliebtheit gerne aus, über kurz oder lang holen diese Fragen jedoch jedes Paar wieder ein. Bei Unvereinbarkeit führen sie zu Uneinigkeit und damit Trennung, denn bei manchen dieser Themen (Kinder? Heirat? Heimatgefühl?) gibt es keine Kompromisse.

FRAGE: **Muss man sich sehr ähnlich sein?**

Antwort: Muss man nicht, insgesamt gesehen. Ähnliche Grundwerte und Ziele sind wichtig, aber wenn man dazu auch noch dieselben Denkmuster, Geschmack und Wünsche hat, wird es schnell langweilig. Dann hat man sich nach dem Film, beim Zeitunglesen oder beim Abendessen nichts mehr zu erzählen, man denkt ja eh dasselbe. Schade, denn der Partner sollte ja auch eine Bereicherung fürs eigene Leben sein. Dennoch scheinen ähnliche Charakterzüge bei Partnern eine wichtige Rolle zu spielen, zeigten die Forscher Peter Buston und Stephen Emlen von der Cornell-Universität in Ithaca, New York: Sie befragten 978 Studenten nach den Merkmalen, die sie bei einem Partner fürs Leben wichtig fänden. Anschließend schätzten sich die Befragten selbst in Bezug darauf ein. Heraus kam: Wenn Männer oder Frauen eine Eigenschaft bei der eigenen Person als wünschenswert ansahen, so war ihnen die auch bei einem potenziellen Partner wichtig. Deshalb sagen die beteiligten Forscher einer Kombination von ähnlichen Partnern größere Stabilität voraus: «Wir sind zum Schluss gekommen, dass Menschen in westlichen Gesellschaften ihre Entscheidung für einen Langzeit-Partner nicht nach dem Prinzip ‹Gegensätze ziehen sich an› fällen und auch nicht nach dem Partner mit dem besten reproduktiven Potenzial Ausschau halten», schreiben die Wissenschaftler. Also wählen die meisten nicht nach so «schön oder toll wie möglich», sondern nach «so passend wie möglich».

FRAGE: **Geld gegen Schönheit, funktioniert das?**

Antwort: Ja. Auch andere Faktoren machen anziehend, das ist ziemlich offensichtlich, wenn man all die jung gebliebenen Prominenten mit den frühreifen Hoppelhäschen sieht, deren heiße Liaisons die Magazine und Zeitungen füllen. Sprich: Wenn Flavio Briatore Autohaus- statt Rennstall-Manager wäre, hätte die schöne Heidi Klum ihn bestimmt nicht mal von hinten angeguckt. Wenn man die Partnerwahl ökonomisch betrachtet, und das kann man, dann gibt es für jeden Menschen einen Marktwert, der sich aus mehreren Faktoren zusammensetzt. Meist finden Menschen mit ähnlicher Attraktivität, Geldbeutelfüllung, Intelligenz, Alter, Gewicht und so weiter zusammen. Es gibt aber auch oft Kombinationen, in denen unterschiedliche Werte (Alter, Schönheit, Reichtum, Intelligenz, Witz, Prominenz, Macht) sich aufwiegen (Mette-Marit und Prinz Haakon von Norwegen, Harrison Ford und Calista Flockhart, Humorist Otto, Musicman Bohlen und ihre jungen, schönen Frauen, die Schöne und das Biest, aber auch Zsa Zsa Gabor und Joan Collins mit jungen Gatten oder Ehemännern, Demi Moore mit ihrem Schauspielbubi Ashton Kutcher). Wenn Sie es sich also leisten können, wird sich sicher ein Model(l) für sie finden lassen. Wenn nicht, bleiben Sie bei Ihren Leisten. Hauptsache, die Balance bleibt, wenn einer von beiden sich extrem verändert, kann das in so einer Konstellation ein Trennungsgrund sein.

FRAGE: Wie wichtig ist gutes Aussehen?

Antwort: David Perrett von der St-Andrews-Universität in Schottland führte dazu einen interessanten Test durch: Er ließ Freiwillige zuerst Gesichter, die sie auf dem Computerbildschirm sahen, nach Attraktivität einordnen. Dann morphte er aus den Bildern der Teilnehmer jeweils ein Gesichts-Bild des anderen Geschlechts und ließ alle die Gesichter-Show nochmals bewerten. Die Ergebnisse waren frappierend. Die meisten fanden dieses Bild extrem attraktiv, ohne zu wissen, dass es aus dem eigenen entstanden war. Nun muss man nicht unbedingt aussehen wie nach der Geburt getrennte Zwillinge, aber das Ergebnis liegt nahe, man datet am besten in der eigenen Liga.

Wer noch nicht befriedigt ist mit der Antwort, dem sei gesagt: Natürlich ist Schönheit wichtig, auf beiden Seiten, je mehr, desto besser. Das Gute für alle Männer ist nur, dass Faktoren wie sich zu pflegen, gut zu kleiden und körperlich fit zu halten zum Komplex «Attraktivität» beitragen und man damit seinen Schnitt verbessern kann. Will heißen, in dieser Sache kann man bekanntlich selbst sehr viel beeinflussen. So attraktiv wie möglich, bitte, und dann nicht nachlassen. Bei einer Frau müssen Sie sich dagegen entscheiden: Wenn eine megascharf aussieht, werden Sie die meiste Zeit damit beschäftigt sein, sie zu halten, wenn eine einfach nur gut aussieht, können Sie das Zusammensein auch genießen.

FRAGE: Warum legen manche Frauen so viel wert auf Geld?

Antwort: Ganz einfach, weil Geld Sicherheit verspricht, und es ist und bleibt wichtig zu wissen, dass jemand (Sie!) für die Frau sorgt, falls einmal Kinder kommen, und sie das nötige Kleingeld zum Überleben nicht selbst verdienen kann. Trotzdem möchten viele auch einfach sozialen Status von einem Mann erhalten und wünschen sich ein Leben mit vielen Annehmlichkeiten, ohne viel dafür zu tun, das Stereotyp ist, dass Schönsein als Ausgleich reicht. Das gilt für Frauen eben immer noch als okay, für Männer nicht. Die Damen lassen sich gerne verwöhnen, ob das nun ein altes, weibliches Rollenbild ist, das sie noch für angebracht halten, oder ob sie die Prinzessinenrolle, die sie als Kleine bei Papi spielten, einfach nicht aufgeben wollen. Aber Vorsicht: Manche Frauen schätzen es so sehr, abgesichert zu sein und alle Extras einzustreichen, dass sie sich statt in einen Mann in sein Geld verlieben und es selbst nicht mal merken. Auch nicht gerade der Wunschtraum eines Selfmade-Millionärs, nicht wahr?

FRAGE: **Wie wichtig sind gleiche Interessen?**

Antwort: Nicht ganz so wichtig, wie man denkt, das Thema gleiche Interessen wird gemeinhin überschätzt. Wer sich bindet, verbringt auf die Dauer sowieso viel Zeit mit dem Partner, und wenn man dann in der Freizeit auch ständig dasselbe tut, kommt überhaupt nichts Neues mehr in die Beziehung – gähn. Wichtig ist vielmehr, einander freie Zeit fürs Hobby zuzugestehen und Verständnis dafür zu haben. 55 Prozent der deutschen Männer sind in dieser Sache mit Ihnen: Laut einer Forsa-Umfrage fanden 18–29-jährige Männer es (von allen anderen Optionen zur Wahl) am allerschlimmsten, wenn die Liebste das Hobby des Mannes kritisiert.

Andererseits beurteilt die renommierte Soziologin Pepper Schwartz von der University of Washington in Seattle nach Studien und Umfragen mit insgesamt über 6000 Paaren das Thema so: «Wenn man in der Freizeit nicht gern zusammen ist, nicht dieselben Freunde mag und gar keine gemeinsamen Hobbys hat, hat man ein Problem. Sehr erfolgreiche Paare, die wir erforschten, hatten zusätzlich oder außer Kindern etwas, woran sie sich gemeinsam freuen konnten.» Beispiele: Reiselust auf gleiche Ziele, Arbeit an einem Wochenendhäuschen, ein Ehrenamt, oder Ähnliches. Beide sollten sich in der gemeinsamen Zeit auf ein paar gemeinsame Aktivitäten einigen können, die beiden Partnern Spaß bringen, das reicht dann auch schon.

FRAGE: **Ist Größe wichtig?**

Antwort: Für das einzelne Paar wahrscheinlich nicht, aber zwei Forschungsergebnisse geben Antworten auf die Frage: Zum einen ergab eine Untersuchung der Universität Breslau in Polen, dass Frauen und Männer den Partner unbewusst nach der Größe aussuchen, und zwar in Relation zur eigenen Körpergröße. Rechnerisch ergab sich: Der ideale Mann ist 1,09-mal größer als seine Frau. Außerdem gibt es oft die Kombination: Kleine Frau sucht großen Kerl und umgekehrt (großer Kerl sucht kleine Frau). Tatsächlich bestätigte der französische Soziologe Nicolass Herpin, dass Frauen bei der Partnerwahl sehr auf die Größe achten, Körpergröße wohlgemerkt. Groß sein bringt mehr Chancen bei den Frauen (was die andere Größe betrifft: Groß ist besser, aber das ist eine Geschmacks- und Körperbau-Frage bei den Frauen. Wichtig ist nur, dass die erotischen Zonen zusammenpassen. Lassen Sie es auf einen Test ankommen). Aber solche Formeln und Gesetze sagen nur etwas über die Häufigkeit und Verteilung von Größenrelationen und Präferenz aus – jedoch nichts über die individuelle Anziehung und das Glück in der Beziehung.

FRAGE: **Muss man sich gut riechen können?**

Antwort: Überraschenderweise ist das wahr. Der Schweizer Forscher Claus Wedekind von der Universität Bern ließ Frauen an Männer-T-Shirts riechen. Brrr, aber heraus kam: Die Probandinnen bevorzugten tatsächlich den Geruch von Männern, deren Gene den eigenen am wenigsten ähnlich waren – und damit solche Männer, deren Immunsystem dem eigenen Abwehrsystem möglichst unähnlich ist. Besonders stark zeigt sich dieser Geruchs-Sinn der Frauen um die Zeit des Eisprunges. Evolutionsbiologen spekulieren folgendermaßen über die Gründe: Potenzielle Kinder aus einer solchen Paarung bekommen wahrscheinlich aus der Kombination ungleicher Merkmale ein sehr starkes Immunsystem. Es ist also ein sehr gutes Zeichen, wenn das Nasenbärchen Ihren Geruch liebt und den Rüssel ständig in Ihrer Halskuhle parken mag. Die Nase sagt der Liebsten nämlich, dass Sie der Richtige sind. Sie sollten nur beachten: Nimmt eine Frau die Pille, beeinträchtigt das ihren natürlichen Geruchssinn für den Duft der Männer, sie kann Ihre Pheromone dann nicht mehr wahrnehmen. Erst wenn Sie die Verhütung per Kondom übernehmen, kann man erkennen, ob die Liebste Sie wirklich gut riechen kann. Hoffentlich!

FRAGE: **Darf ein Weibchen dominant sein?**

Antwort: Es gibt es ein ganz klares Urteil zum Gleich- und Ungleichgewicht in Partnerschaften: Eine unausgeglichene Machtstruktur ist nicht gerade beziehungsfördernd. Professor Erich Witte von der Universität Hamburg hat 500 Männer und Frauen nach ihren Paar- und Beziehungserfahrungen befragt, und 94 Prozent der Paare sehen in der Dominanz eines Partners klar einen Liebestöter, und zwar ganz egal, ob sie oder er der Beziehungschef sein möchte. Eine Partnerschaft, in der einer eindeutig den Ton angibt und der andere nicht gleiche Rechte bekommt, wird nicht lang glücklich bleiben.

2. Die Richtige:
Das sollten Sie suchen

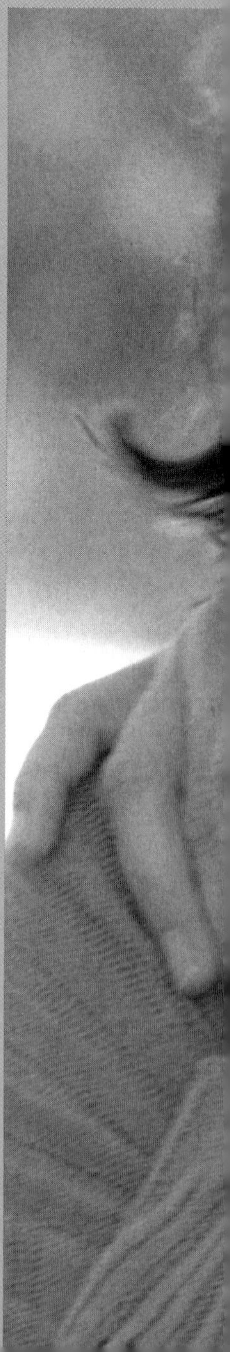

DER GROSSE FRAUEN-CHECK

Was eine Frau mitbringen muss – die acht wichtigsten Eigenschaften

Gutes Aussehen, heftige Gefühle für Sie, gut im Bett und nicht so zickig. – Das wär's! Wär's das? Nein, das reicht nicht. Welches sind nun die wichtigsten Eigenschaften, die eine Frau mitbringen sollte, um Ihrer Liebe wert zu sein, aus der Praxis gesprochen, ohne viel Wissenschafts-Theorie? Hier werden acht ideale Charakterzüge vorgeschlagen, an die man zunächst vielleicht nicht denkt, die aber für das Zusammensein von Mann und Frau auf die Dauer viel wichtiger sind als alle lapidaren Oberflächenerscheinungen. Lassen Sie sich überraschen und suchen Sie im echten Leben eine Frau, die einige dieser Eigenschaften besitzt, oder zumindest gute Anlagen dafür besitzt – manches können Sie ihr ja noch beibringen.

Bevor es losgeht, noch ein paar Worte zu dem üblichen Hingucker, Schönheit. Die wurde absichtlich nicht in die Eigenschaften-Liste aufgenommen. Es ist zwar kein Fehler, wenn eine Frau gut aussieht, doch das kann den Mann dazu verführen, über andere wichtige Dinge hinwegzusehen, vor lauter Stolz über die Eroberung der Schönheit. Die macht nämlich taub für Warnsignale, taub für die Frage, ob man gut zusammenpasst, nicht nur außen, sondern innen. Suchen Sie also nicht mit einem überhöhten Äußerlichkeits-Ideal (außer Sie selbst sehen besser aus als George Clooney, Hugh Grant oder Jude Law zusammen). Man schmälert nur die Auswahl, wenn man mit «zu klein», «zu schmal», «zu viel Hüfte», zu dünne Lippen», «zu kurze Haare», «zu dies» und «zu das» operiert und eine Unmenge potenzieller Partnerinnen gedanklich aussortiert. Vielleicht ist die mit «zu klein» ja die Richtige, mit einer großen Portion Humor und Lebensfreude? Jeden Tag laufen Dutzende von Männern an der Fleisch gewordenen Antwort ihrer Gebete vorbei, weil sie nicht daran denken, dass die göttliche Sendung ganz anders aussieht, als Sie es sich vorstellen. Nun jedoch zu den wirklich wichtigen Eigenschaften. Wenn eine Frau diese acht Wesenszüge hat, ist sie gut für einen Mann:

EINS: **Zartheit**

Das Leben ist hart, und Sie sind ein starker Kerl, den nichts so schnell umhaut. Aber ab und zu können auch Sie Rückendeckung gebrauchen, wenn das private Schlagloch tief oder der Frontalzusammenstoß im Büro heftig war. Und da braucht man eine verständnisvolle Partnerin. Wenn die Liebste Ihre innersten Bedürfnisse erkennt und dann sanft reagiert (hier ein wenig pustet, wo's wehtut und Ihnen da erst mal prophylaktisch Recht gibt), ist sie Gold wert.

Woran man Zartheit erkennt:

- Sie spürt schlechte Laune, ohne nachfragen zu müssen.
- Sie tröstet, ohne Ihnen dieses klebrige mütterliche Gefühl reinzudrücken.
- Sie kann Sie alleine lassen und sagt nichts, wenn Sie das brauchen.
- Sie bringt Sie auf andere Gedanken und zum Lachen.
- Sie wartet, bis sich alles beruhigt hat. Dann erst sagt sie ihre Meinung.

ZWEI: **Respekt vor Sport und Spaß**

Sie können nicht Ihr Leben lang diskutieren, ob Baseball-, Boxen- oder (Frauen-)Beachvolleyball-Gucken nun menschlich und intellektuell wertvoll ist oder nicht. Sie sehen das nun mal für Ihr Leben gerne, und das ist doch schon ein ziemlicher guter Grund, es zu tun. Deshalb sollte eine weise Partnerin Verständnis für Ihre Lieblingssportart mitbringen oder entwickeln. Sie braucht Fußball, Tennis oder Golf ja nicht gleich selber rasend toll zu finden, sie muss nur Ihre Leidenschaft dafür respektieren. Dass sie Ihren aktiven Sport akzeptiert, ist sowieso Grundvoraussetzung. Sie hat nur Recht auf Einspruch, wenn die Partnerschaft sehr unter Ihrem Sportspaß leidet.

Woran man sportiven Respekt erkennt:

- Eigentlich selbstverständlich, aber da es das nicht immer ist: Wenn Sie Sport gucken, macht die Verständnisvolle, worauf sie Lust hat (und meckert nicht).
- Sie fragt manchmal nach dem Tabellenstand (damit endlich klar ist, warum sie so überirdisch gut oder unterirdisch schlecht gelaunt sind).
- Sie akzeptiert, wenn Sie zum wichtigen Match Freunde einladen. Das ist nun mal die Männer-Variante das Kaffeekränzchens.
- Sie setzt sich bei wichtigen Spielen dazu.
- Im besten aller Fälle treibt sie selber Sport.

DREI: **Kontaktfreudigkeit**

Eine gute Frau ist relational polyvalent, das bedeutet, sie knüpft vielfache Bindungen zur menschlichen Umwelt. Sie sollte also auf andere zugehen können, viele Bekannte haben, es sollte ihr leicht fallen, Kontakte zu knüpfen und zu halten. Warum das? Weil davon jede Partnerschaft auf Dauer profitiert, denn das garantiert immer wieder neuen Input fürs Leben sowie ein unterstützendes Umfeld für alle Wechselfälle des Lebens. Idealerweise ergänzen Sie sich im Kontakteknüpfen, auch wenn meist die Frauen die sozialen Systeme am Laufen halten.

Woran man Kontaktfreude erkennt:

- Immer an einer hohen Telefonrechnung.
- Sie hat so viele Freundinnen, dass Sie sich kaum alle Namen merken können.
- Sie erzählt von Urlauben in der Gruppe und Partys mit einem guten Freundeskreis.
- Sie möchte Ihre guten Freunde (und Freundinnen auch) kennen lernen.

VIER: **Loyalität**

Der wichtigste Mensch in unserem (zukünftigen) Leben muss bereit und fähig sein, uns zu unterstützen – selbst wenn wir mal Mist bauen. Die Partnerin sollte auch an nicht so tollen Tagen zu ihrem Mann stehen. Solche Tage gibt es (selbst bei Männern, die sich für unverwundbar halten). Und gerade wenn man verwundbar ist, braucht man eine stahlharte Frau neben sich.

Woran man Loyalität erkennt:

- Egal was passiert, sie ist erst einmal auf Ihrer Seite.
- An der Reaktion, wenn Sie etwas von sich erzählen, das nicht geklappt hat. Sie reagiert ermunternd, nicht enttäuscht.
- Wenn Sie den Bruder (die Schwester, die Eltern, die beste Freundin) der Dame kritisieren, sollte die Partnerin sie verteidigen. So wird sie vor anderen auch zu Ihnen stehen.
- Sie kann verzeihen, wenn Sie sich entschuldigen, und trägt nicht ewig nach.
- Was Sie ihr erzählen, bleibt wirklich unter Ihnen.

FÜNF: **Sinn fürs Praktische**

Formulare, Termine, Geburtstage, Einkäufe. Einer muss doch an die ganzen Dinge denken und sich darum kümmern, oder? Im Ernst, dies ist kein Freibrief, sich in diesen Dingen hängen zu lassen, die lebenspraktischen Aufgaben teilt man sich. Aber es gibt Frauen, die kriegen nichts alleine hin und halten sich für alle praktischen Betätigungen Galane und Lakaien, wenn sich nicht noch der Herr Papa um alles kümmert, wie sie das gewohnt sind. Solche Frauen sind Meisterinnen im augenaufschlagenden Bitten und geben jedem Mann sofort das Gefühl, ein Held zu sein. Held im Autowaschen, Einkäufeschleppen, Tanken, Glühbirnenwechseln, in all dem, womit sich eine Prinzessin bestimmt nicht die Finger schmutzig machen will, na toll. Sie wollen aber kein lebensunfähiges Heimchen, sondern eine Frau, die Selbständigkeit in praktischen Dingen an den Tag legt. Schon, damit Sie nicht alles und jedes selbst besorgen müssen.

Woran man Sinn fürs Praktische erkennt:

- Sie hat die Steuererklärung schon mal selber gemacht – mit Erfolg.
- Sie erinnert Sie an Geburtstage.
- Sie kann alleine zur Werkstatt, zum TÜV fahren.
- Sie kann das Regal «Billy» von Ikea selbständig aufbauen.
- Sie besitzt – im extrem guten Fall – einen Schlagbohrer. Oder mindestens ein paar anständige Schraubenzieher.

SECHS: **Genussfreude**

Idealerweise besitzt eine Frau eine niedrige Genussschwelle und ist zugleich von hoher Begeisterungsfähigkeit. Mit so einer Frau macht das Leben Spaß (es geht jetzt nicht um sexuelle Freuden, obwohl da Begeisterung auch nicht schadet, das spornt beide zu mehr Spielfreude an). Ein gute Partnerin hat eine Schwäche für die kleinen Freuden des Lebens. Das ist wichtig, weil es immer wieder Zeiten gibt, in denen das Leben nicht so rund läuft, sogar Zeiten, in denen es gar nicht läuft, in denen einem Arbeit und Alltag über den Kopf wachsen. Genau dann braucht man eine Partnerin, die Stroh zu Gold spinnen kann, indem sie noch in nervigen Zeiten die kleinen Freuden des Lebens genießt und überzeugt ist, dass das Leben gut ist. Eine positive Einstellung erleichtert beiden den Alltag und ermöglicht, dass man sich gegenseitig aufbaut. Meist ist die Genussfreude gepaart mit den Eigenschaften Lebensfreude, Vitalität und Verve.

Woran man Genussfreude erkennt:

- Sie lacht und lächelt gern.
- Sie seufzt «Ach, schmeckt das lecker» – dabei ist es nur der Morgenkaffee.
- Sie ist überzeugt, dass Sie beim nächsten Mal mehr Glück haben werden.
- Sie sagt: «Guck mal, was ich mitgebracht habe.»
- Sie freut sich total, auch wenn Sie nur einen Schokoriegel mitbringen.

SIEBEN: **Härte am Mann**

Die Dame sollte Ihnen ab und zu in den A…, Allerwertesten treten. Hä, was? Genau. Auf Englisch sagt man «bust your ass» dazu. Sie wollen keine Frau, die alles mit sich machen lässt. Sie wollen eine mit einem starken Willen, und den soll die Dame durchaus auch auf Sie anwenden, freundlich, aber bestimmt. Nur so eine Frau bringt Sie persönlich weiter. Es ist wie Tennis, das macht auch nur Spaß mit einem starken Partner, sonst kommen die Bälle ja nie zurück. Ihre Partnerin ist der Wetzstein, an dem Sie Ihr Persönlichkeitsprofil schärfen und umgekehrt, deshalb sollte sie Ihr bester Sparringspartner sein und Sie immer wieder herausfordern – nicht, dass Sie nachlassen.

Woran man Härte am Mann erkennt:

- Sie stellt Sie infrage: «Warum willst du das?»
- Sie hält Sie davon ab, jeden Abend fernzusehen. Ihre kostbare Freizeit ist nicht dazu da, Werbeeinnahmen der Privatsender zu erhöhen.
- Sie sagt manchmal rigoros Nein, in aller Liebe, nicht mit mir.
- Sie findet nicht alles toll, was Sie sagen. Schade, eigentlich – aber richtig so.

ACHT: **Körpereinsatz**

Das soll nicht oberflächlich klingen, aber es ist wichtig, dass eine Frau gerne körperlich liebt, dass sie Sex einfach mag. Schließlich ist es gerade die Erotik, der Aspekt, der eine Partnerschaft über bloße Freundschaft hinaushebt. Es ist sehr wahrscheinlich, dass das sexuelle Interesse mit der Zeit etwas abnimmt, besser also, man hat eine Frau, die gleich vom Start weg Spaß daran hat.

Woran man freudigen Körpereinsatz erkennt:

- Sie sehen es selbst, in entscheidenden Momenten. Juhu! Nochmal?
- Man darf nicht erwarten, dass Frauen gleich oft Sex wollen wie Männer (rein statistisch ist das ungleich verteilt, dazu später mehr). Glück auf also, wenn Sie oft Lust hat und Sie verführt.
- Sie wissen: Ihre Partnerin befriedigt sich manchmal selbst. Das spricht für eine gute Libido.
- Sie besitzt einen Vibrator.
- Ja: Sie guckt interessiert fremde attraktive Männer an. Bitte keine Doppelstandards hier, Sie spähen ja auch.

Finger weg, wenn Sie so ist ...

Bei diesen Anzeichen sollten Sie unbedingt die Finger von der Frau lassen:

- Sie glaubt, es ist ein kosmisches Zeichen, dass Sie beide Knoblauch mögen und an einem Dienstag geboren sind.
- Sie braucht jeden Morgen eine Stunde im Bad.
- Sie zahlt nie im Restaurant.
- Sie fängt nie mit dem Sex an. Licht immer aus. Handtuch drunter.
- Sie erinnert Sie an Ihre Mutter. Wenn Sie das jemals denken, packen Sie die Sachen.
- Sie kann nicht tanken, weil dabei Ihre Fingernägel abbrechen könnten.
- Sie spült die Gläser nochmal, nachdem Sie gespült haben.
- Sie erzählt Ihnen von einem Ihrer zehn vorausgegangenen Leben.
- Sie will alle räudigen Katzen im Urlaub mitnehmen, sonst bricht ihr Herz.
- Sie weint dreimal die Woche, egal weshalb.
- Sie fragt Sie nach Ihren Finanzen aus – beim zweiten Treffen.
- Sie wohnt noch zu Hause.

Test: Ist sie die Richtige?

Heiraten oder rauswerfen? Hier kommt einen Test, der Ihnen nicht nur die Antwort darauf liefert, sondern Ihnen zugleich noch mehr Hinweise gibt, worauf es ankommt bei der potentiellen oder aktuellen Partnerin. Es geht es darum, wie die Frau an Ihrer Seite in schwierigen Situationen reagiert und agiert, wenn es darauf ankommt, um all die Aspekte, die das Zusammenleben auch nach Jahren noch entweder wie den Himmel auf Erden oder das Feuer der Hölle sein lassen. Zusätzlich wird bei jeder hypothetischen Versuchs-Frage erklärt, was gut daran ist, wenn Sie wie empfohlen antwortet:

Der Fragebogen:

1. *Auf meiner Geburtstagsparty betrinke ich mich und fange an, auf dem Tisch zu strippen. Was machst du?*
2. *Ich pfeife auf den Abteilungsleiter-Posten und die Karriere. Ich will mit meiner Band berühmt werden. Was hältst du davon?*
3. *Ich habe heute Abend Lust auf Sex. Du nicht. Machst du es mir zuliebe doch?*
4. *Wir sitzen beim Abendessen und ich sage nichts. Was sagst du?*
5. *Was wäre schlimmer: Wenn ich dick würde, oder du?*
6. *Ich bringe um zwei Uhr nachts noch Freunde mit nach Hause, wir spielen Computerspiele und sind nicht gerade leise, weil wir schon ein paar Biere hatten. Geht schon mal, oder?*
7. *Seit Wochen freust du dich aufs Theater. Ich muss wegen eines Problems im Büro absagen. Wie reagierst du?*
8. *Ich starre in einer Bar meiner Nebensitzerin (links) auf den Busen, und du (rechts) kriegst es mit. Sauer?*
9. *Du merkst, dass ich für das Dinner nicht optimal gekleidet bin. Was unternimmst du?*
10. *Ich verspreche dir, Montag anzurufen, melde mich aber erst am Mittwoch. Was sagst du?*
11. *Ich will beim nächsten Sex gerne mal was sadomaso-mäßiges probieren. Geht das?*
12. *Meine Ex ist in der Stadt und will mich treffen. Ist das okay?*

Befragung

So, jetzt kommen die Fragen. Setzen Sie sich gemütlich mit ihr hin und hören sich an, was Ihre Liebste dazu zu sagen hat. Oder Sie überlegen für sich, was Ihre Partnerin wohl am ehesten sagen würde, das geht auch. Wenn Sie dann die Reaktionen mit den hier angebotenen vergleichen, sollten Sie auf Ähnlichkeiten, gleiche Muster achten, denn sie hat sicher nicht genau das gesagt, was hier steht. Es kommt darauf an, ob die Antwort in eine ähnliche Richtung geht. Pro tendenziell richtige Antwort gibt es einen Punkt.

Test mit Auflösung

1. *Auf meiner Geburtstagsparty betrinke ich mich und fange an, auf dem Tisch zu strippen. Was machst du?*

- «Ich würde dich lassen, es ist ja dein Fest. Aber weil ich das nicht mit ansehen kann, verziehe mich ins Nebenzimmer.»
- «Ich würde dir sagen, dass du mit dem Schwachsinn aufhören sollst.»
- «Ich würde dazukommen, mit dir tanzen und dich da weglotsen; damit du aufhörst.» RICHTIG

Erklärung: Hier zeigt sich, ob Ihre Partnerin das Zeug hat, Sie vor sich selber zu schützen, denn Sie wollten doch feiern und nicht Ihren Ruf ruinieren. Das Beste an dieser Reaktion ist, dass Ihnen diese Superfrau im kritischen Moment keine Vorhaltungen macht, denn das würde wirken wie ein Funken am Zünder einer Bombe – Sie würden hochgehen und sich noch mehr in Verlegenheit bringen (aber das erst später kapieren), weil Sie dann da stehen, halb nackt und mit rotem Kopf herumbrüllend, denn diese «dämliche Kuh» wollte Ihnen ja offensichtlich den Spaß bei Ihrer eigenen Party verderben. Viel schlauer also, wenn die Dame Sie mit einer eigenen Showeinlage oder dem Vorwand «Lass uns knutschen» vom Glatteis holt. Etwaige Vorhaltungen kann die Kluge Ihnen dann morgen mit dem Katerfrühstück servieren, Sie haben's verdient. Damit Sie das nächste Mal zumindest nicht uralte Boxer-Shorts mit Bananen darauf drunterziehen, sondern was richtig Scharfes.

2. *Ich pfeife auf den Abteilungsleiter-Posten und die Karriere. Ich will mit meiner Band berühmt werden. Was hältst du davon?*
- «Schatz, wenn es dich glücklich macht, solltest du es tun.»
- «Du hast wohl 'nen Knall! Das kommt nicht infrage.» RICHTIG

Erklärung: Es gibt diese Haltung von «Liebe ist stärker als alles in der Welt», die vor allem Hollywood-Filmen und Märchen großartige Happyends beschert. Im wirklichen Leben sieht das anders aus: Die schönen Gespielinnen von Spinnern, die stets den Dispo-Kredit überziehen und ihre Freundin nie zum Essen einladen, schauen sich schnell nach einem erfolgreicheren Exemplar Mann um, weil es eben nur im Film mit dem großen Erfolg klappt (vor allem, wenn der Film «The Doors» heißt, oder «Beatles», «Stones», oder so). Die ideale Partnerin sieht zwar die romantische Seite an der Sache und wäre bereit, Sie zu unterstützen, wird aber bei allen Jobwechseln und wilden Ideen vorher nach Zukunftsaussichten, Aufstiegsmöglichkeiten und Zusatzeinkommen fragen und wieso, weshalb, warum. Besser, Sie haben dann gute Antworten. Das ist es, was gute Frauen tun: Sie zerstören alberne Träume der Männer (wenn sie wirklich albern sind). Dieser Punkt, Sie merken es, hat Ähnlichkeit mit der vorhin gestellten Anforderung: Eine Frau soll Ihnen ab und zu einen Tritt in den Hintern geben.

3. *Ich habe heute Abend Lust auf Sex. Du nicht. Machst du es mir zuliebe doch?*
- «Ja, denn es ist irgendwie immer nett.»
- «Nein, ich vertröste dich. Morgen, vielleicht.» RICHTIG

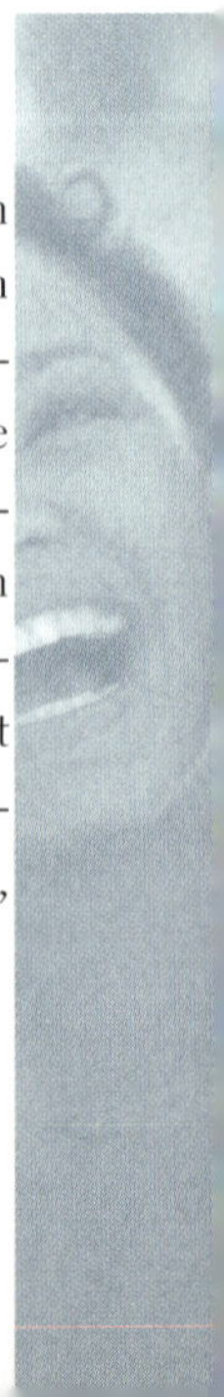

Erklärung: Sex ist wie eine Unterhaltung: Es macht überhaupt keinen Spaß, wenn einer nicht wirklich bei der Sache ist. Noch schlimmer: Wenn nicht bei der Sache, wo weilt die Liebste dann in Gedanken? Denkt sie gerade an den Abwasch, den Nagellack oder das neue Kleid? Oder denkt Sie etwa an Sie? Dann, so viel ist sicher, sind das keine allzu positiven Gedanken. Bei einer Gefälligkeitsnummer fühlt sich keine Frau wohl, sondern ärgert sich über die Situation, weil sie den Sex körperlich wie emotional völlig abgekoppelt vom Partner erlebt. Das ist fast ein bisschen eklig und drückt aufs Gefühl, auch wenn sie sich das nicht eingesteht, weil sie es Ihnen zuliebe macht. Seien Sie dankbar, wenn eine Frau den Mut hat zuzugeben, dass heute nichts zu machen ist. Das zeichnet eine aufrechte Partnerin aus.

4. *Wir sitzen beim Abendessen und ich sage nichts. Was sagst du?*

- «Nichts. Aber ich würde mich schon fragen, was gerade schief läuft.»
- «Ich würde dich fragen, wie dein Tag war, und es dann gut sein lassen. Wir müssen uns nicht ständig unterhalten.» RICHTIG
- «Ach, dann erzähle ich eben was.»

Erklärung: Sie müssen wissen, dass eine Frau, die Sie tatsächlich in Ruhe lassen kann, so selten ist wie ein Sechser im Lotto. Trotzdem wäre diese Antwort die beste. Männer und Frauen unterscheiden sich enorm, was das Kommunikationsbedürfnis betrifft, Frauen haben nicht umsonst einen größeren Wortschatz und bessere sprachliche Fähigkeiten als Männer, sie setzen diese auch gerne und beständig ein. Eine echte Lösung für das logorrhötische Missverhältnis gibt es nicht. Klug jedoch ist die Frau, die das Schweigen des Mannes nicht für das Schweigen der Lämmer hält und ruhig bleibt, statt entsetzt aufzukreischen. Ein kluger Mann wiederum sollte sich angesichts einer Partnerin, die (toll, verständnisvoll) sagt: «Wir können uns ja ein anderes Mal darüber unterhalten», überlegen, seine jetzige Stille mit einem Gespräch in den kommenden Tagen auszugleichen. Kommen Sie darauf zurück, dann bleibt die Kluge bei Ihnen. Eine Unkluge können Sie einfach weiter anschweigen, sie geht irgendwann von selber. Aber das macht keinen Spaß.

5. *Was wäre schlimmer: Wenn ich dick würde oder du?*

- «Wenn du dick würdest.»
- «Wenn ich dick würde.» RICHTIG

Erklärung: Die kluge Frau weiß: Männer lieben Schönheit. Und: Männer tun einiges, um in den Genuss einer solchen Schönheit zu gelangen und sich den Anspruch auf eine solche zu sichern. Zum Beispiel versuchen sie, angesichts einer wunderschönen, schlanken Partnerin, selbst attraktiv zu bleiben. Also weiß die clevere Frau, dass beide ein Problem haben, wenn sie selbst aus dem Leim geht.

6. *Ich bringe um zwei Uhr nachts noch Freunde mit nach Hause, wir spielen Computerspiele und sind nicht gerade leise, weil wir schon ein paar Biere hatten. Geht schon mal, oder?*

- «He, Jungs, kein Problem, ich feiere einfach mit.»
- «Von wegen. Deine Kumpels setze ich vor die Tür, du übernachtest erst mal auf der Couch.» RICHTIG

Erklärung: Mit 18 findet man so ein unverwüstliches Party-Girl toll, yeees, aber jetzt, wo Sie erwachsen sind ... wer macht denn dann den Abwasch? Im Ernst, möchten Sie wirklich eine Frau, die sich mit kindischem Gebaren abgibt, speziell bei einem Partner, der auf die dreißig oder vierzig zugeht? Die kritische Variable bei diesem Beispiel ist nicht so sehr das Verhalten Ihrer Freundin, sondern die Frage, wie Sie den Rest Ihres Lebens gestalten wollen. Wenn es kein erwachsenes, stabiles Leben sein soll – warum haben Sie dann nicht schon lange Schluss gemacht und sind mit einer Art Pamela Anderson zusammen?

7. *Seit Wochen freust du dich aufs Theater. Ich muss wegen eines Problems im Büro absagen. Wie reagierst du?*

- «Ich bin sauer. Immer dreht sich alles um deinen Job.»
- «Ich bin super-enttäuscht. Aber wenn du dich entschuldigst und versprichst, es wieder gutzumachen, lasse ich mich besänftigen.» RICHTIG

Erklärung: Hier zeigt sich, wie hoch die Frustrationstoleranz Ihrer Partnerin ist. Schnappt sie schnell ein? Und vor allem: Versteht sie in diesem Fall, dass Sie keinen Einfluss haben auf die Situation? Schließlich können Sie nichts dafür, dass gerade um fünf vor sechs eine Krise über Ihre Abteilung hereinbrach. Ihre Liebste ist natürlich trotzdem enttäuscht, dazu hat sie ein Recht. Gut ist jedoch, wenn die Enttäuschte erkennt, dass auch Sie die Absage schade finden. Um Enttäuschung zu mildern, sollten Sie das auch äußern, sich entschuldigen und einen Ersatz-Termin anbieten. Beides sollte die Partnerin akzeptieren. Wenn die Dame Ihnen dagegen jetzt nächtelang die kalte Schulter zeigt und auf ein Wiedergutmachungsangebot nicht zeitnah eingeht, haben Sie ein Problem: eine beleidigte Leberwurst, und das auf Dauer.

8. *Ich starre in einer Bar meiner Nebensitzerin (links) auf den Busen, und du (rechts) kriegst es mit. Sauer?*

- «Ich verliere kein Wort darüber. Aber erwarte heute Nacht bloß keinen Sex.»
- «Nö. Das ist halt so.» RICHTIG

Erklärung: Bravo. Eine Frau sollte die Gesetze der Natur kennen, das psychologische Konzept des visuellen Reizes. Ein Mann kann nicht anders, als darauf angemessen zu reagieren. Bei bestimmten Dingen reagieren die Geschlechter einfach unterschiedlich, bei Frauen sind kleine Menschen die Hingucker (Kinder), bei Männern große Menschen (weibliche vor allem).

Den Beleg dafür erbrachten jüngst der Forscher Stephan Hamann und seine Kollegen von der Emory-Universität in Atlanta: Die Gehirnregionen Amygdala und Hypothalamus, zuständig für der Verarbeitung von wichtigen Emotionen werden angesichts von sexuell interessanten Bildern bei Männern viel stärker angeregt als bei Frauen. Die Wissenschaftler meinen, dass dies der Grund für die schnellere und stärkere Reaktion von Männern auf visuelle Reize sein könnte. Ob Männer den Guckreiz erst entwickeln oder er angeboren ist, können die Forscher noch nicht beantworten.

9. *Du merkst, dass ich für das Dinner nicht optimal gekleidet bin. Was unternimmst du?*

- «Das ist deine Sache, also halte ich den Mund.»
- «Ich sorge dafür, dass du etwas Passenderes anziehst.» RICHTIG

Erklärung: Die ideale Frau erkennt Ihre Schwachstellen und bessert dort gezielt nach. Keine Sorge, das ist kein Freibrief zum Nörgeln, denn Nörgeln bedeutet nämlich, etwas zu kritisieren, das nicht zu ändern ist. Das wäre, wenn sie erst auf der Party anmerken würde, dass Ihr Look daneben ist. Gemein. Woran erkennen Sie nun aber, ob sie nörgelt oder hilfreich ist? Stellen Sie sich die Frage der Liebsten einfach selber. Wollen Sie over- oder underdressed zu dem Anlass erscheinen? Besser schnell duschen oder müffeln? Den Ärger rauslassen oder diesen Gehirnamputierten ins Leere laufen lassen? Was ist besser für Sie selbst? Genau das meint Ihre Liebste.

10. Ich verspreche dir, Montag anzurufen, melde mich aber erst am Mittwoch. Was sagst du?

- «Nicht so schlimm, na ja, du bist eben nicht dazu gekommen.»
- «Ich hoffe, du hast eine gute Entschuldigung. RICHTIG

Erklärung: Vorsicht. «Nicht so schlimm» bedeutet bei Frauen: «Es! Ist! Schlimm!» Sie wollen es nur nicht zugeben, weil sonst klar wäre, wie verletzt sie sich fühlen, und weil sie nicht so weiblich-schwach wirken wollen. Ähnlich gefährliche (unehrliche) Aussagen sind: «Och nö», «Macht ja nichts», «Im Notfall schaffe ich das auch alleine», oder «Du musst nicht», nur ganz nebenbei. Es ist viel einfacher für Sie, wenn eine Partnerin schlicht und ergreifend zeigen kann, dass sie etwas nicht in Ordnung fand, denn dann wissen Sie, was los ist.

Wenn Sie jemanden versetzen, schulden Sie eine Erklärung, der Fall liegt ganz anders bei dem Büro-Beispiel, denn hier sind alleine Sie dafür verantwortlich, dass Sie die Zusage nicht gehalten haben. Die solchermaßen Versetzte sollte eine stichhaltige Entschuldigung akzeptieren, aber keine Wiederholung dulden.

11. Ich will beim nächsten Sex gerne mal was sadomaso-mäßiges probieren. Geht das?

- «Klaro, ich bin offen für Neues.»
- «Ich ruf' ein paar meiner Freunde und Freundinnen an, dann tun wir's in der Gruppe.»
- «Kannst du mir genauer erklären, was du möchtest? RICHTIG

Erklärung: Die erste Antwort klingt aufgesetzt, so, als wollte die Dame Eindruck schinden. Frauen, die so reagieren, tendieren dazu, etwas mitzumachen, und beschweren sich hinterher, weil sie eigentlich doch nicht wollten. Nach dem Motto: Ich habe es dir zuliebe getan, und darum musst du ewig dankbar sein (oder ewig Abbitte tun, wenn es ihr nicht gefallen hat). Die zweite, offenherzige Antwort ist sicher auch nicht, was Sie hören wollen, oder?

Am ehrlichsten ist die dritte Antwort, weil diese Frau genauer nachfragt. Sie sagt erst dann Ja oder Nein, wenn sie genau weiß, was sie erwartet. Vielleicht erkundigt sie sich auch, wie wichtig Ihnen dieser Ausflug ins Reich der sexuellen Schmerzen ist. Das ist klug. Wenn Sie Ihr verständlich machen können, dass es nicht nur so eine Idee, sondern eine echte Sehnsucht ist, sagt sie im besten Fall zu und: «Okay, ich probiere es aus. Aber wenn es mir gar nicht gefällt, sollten wir sofort aufhören.»

12. *Meine Ex ist in der Stadt und will mich treffen. Ist das okay?*
- «Meinetwegen, aber nur wenn ich meinen Exfreund treffen darf (der, den meine Eltern so toll fanden).» RICHTIG
- «Ich bin nicht begeistert, aber würde mir keine großen Sorgen machten, wenn du sie triffst.»

Erklärung: Beide Antworten sind nicht schlecht, beiden merkt man einen Anflug Eifersucht an, was okay ist. Die Liebste weiß wohl, dass so etwas immer gefährlich ist, denn wenn ein Mann sich mit einer Frau trifft, mit der er schon viele Male geschlafen hat, kann das leicht wieder passieren. Und deshalb stellt Madame mal eine große Warntafel auf und zeigt: Sie lässt sich nicht alles gefallen, sie verlangt Gerechtigkeit.

Wertung

Zählen Sie jetzt die Anzahl der Antworten, bei denen Ihre Süße richtig lag oder eine Antwort gab, die in die richtige Richtung ging:

10 Punkte und mehr: Heiraten. Sie hat bestanden, Gratulation! Sie sind zu beneiden. Sie sollten jetzt sofort handeln und die Dame mit einem Ring verhaften, bevor sie kapiert, dass sie eventuell noch eine bessere Partie machen könnte. Verraten Sie bitte den anderen Lesern, wo genau es solche Frauen gibt. Wie haben Sie das geschafft?

6 bis 9 Punkte: Weiter prüfen. Nicht schlecht, aber auch nicht vollends überzeugend. Wir empfehlen eine Prüfphase von einem weiteren Vierteljahr, schauen Sie, ob sich die guten Ansätze weiter ausbauen lassen. Erklären Sie ihr, was Ihnen wichtig ist. Wenn sich nichts bessert, sollten Sie einen harten Schnitt machen, wenn der Schatz sich jedoch zu einem Goldschatz entwickelt, sollten Sie ihn gut hüten.

0 bis 5 Punkte: Rauswerfen. Besser ein Ende mit Schrecken als Schrecken ohne Ende. Erzählen Sie dem Mädel, sie sei viel zu gut für Sie und dass sie etwas viel Besseres verdient hätte.

3. So sind Frauen:

Mehr über die Frauen wissen, als sie über sich selbst wissen

die über

Dieses Kapitel macht Sie zum Frauenversteher. Verstehen Sie das bloß nicht als Schimpfwort, sondern als Lob oder noch viel besser als – schlau: Die Eigenheiten der Frauen zu verstehen ist extrem nützlich, zum Beispiel wenn man mit einer von ihnen sein Leben verbringen möchte. Nur der Mann, der weiß, wie sie ticken, kann stressfrei mit den kapriziösen Wesen umgehen. Dementsprechend erwarten Sie hier viele wissenschaftliche Erkenntnisse über Frauen, die auch einige Unterschiede der Geschlechter erklären, dann eine Diskussion der Dinge, die Männer gewöhnlich an Frauen nerven – netterweise gleich mit Erklärungen und Hinweisen, wie man genau mit den Fehlern der Frauen besser klar kommt. Am Ende des Kapitels folgt noch ein Blick hinter die Kulissen: Lesen Sie, was Frauen bei Männern suchen, welche männlichen Qualitäten Frauen überzeugen. Insgesamt wissen Sie dann besser über die Frau an und für sich Bescheid als eine durchschnittliche Frau über sich selbst.

Wissenschaftliche Erkenntnisse über die Natur der Frau

... und was die für Männer bedeuten. Dieses profunde Fachwissen über die Natur der Frau macht Ihnen den Umgang einfacher, denn: Sie ist halt so. Der Psychologe Dr. Michael G. Conner aus Portland, Oregon meint sogar: «Wenn man die Unterschiede zwischen Mann und Frau nicht kennt und anerkennt, kann das zu einer lebenslangen Quelle von Enttäuschung, Frustration, Problemen führen und sogar zum Ende einer Partnerschaft.» Das will keiner, also:

Sie riecht besser. Nein, nicht nur, dass der weibliche Körper für Sie leckerer duftet und zurückhaltender müffelt, die feminine Nase selbst kann zusätzlich Gerüche aller Art genauer erschnuppern und Aromen besser unterscheiden als die maskuline. Laut einer Untersuchung der University of Pennsylvania führen Geruchsreize bei Frauen zu einer bis zu achtmal stärkeren Reaktion im Gehirn. Lassen Sie in Zukunft also Ihre Liebste herausfinden, ob die Milch noch gut ist (und benutzen Sie immer ein Deo).

Sie verträgt nicht so viel Hitze. Frauen stecken Hitze körperlich nicht so gut weg wie Männer. Das brachte eine Studie der Universität Michigan ans heiße Licht der Sonne. Der Grund: Frauen schwitzen weniger und können ihren Körper deshalb weniger gut kühlen (schließlich ist dies die Funktion des Schweißausbruches – Wasser, das auf der Haut verdunstet, verschafft Kühlung). Der weibliche Körper erreicht deswegen bei heißem Klima eine höhere Temperatur. Wenn ständiger Hitzestress herrscht, passen sich Mädels allerdings genauso gut an wie Kerle. Vorsicht also beim Urlaub in der Wüste, sie macht erst mal schneller schlapp. Positiv jedoch: Wenn Sie die Dame heiß machen, fiebert sie schnell nach Ihnen.

Sie muss länger Diät halten. Kein Wunder, dass Frauen so viel Angst vor jedem Gramm Fett haben – es ist erwiesen, dass die weibliche Hälfte der Bevölkerung es beim Abnehmen schwerer hat. Frauen verlieren weniger leicht Gewicht, weil sie einen höheren Körperfettanteil haben und deshalb anteilig weniger Muskelmasse als Männer. Die verbrennen damit im Durchschnitt täglich 600 Kalorien mehr (die Muskelmasse bestimmt die Höhe unseres Kalorien-Umsatzes zu mehr als 80 Prozent). Frauen haben also von Haus aus den niedrigeren Grundumsatz, brauchen im Vergleich weniger Kalorien, weshalb Abnehmen bei den Frauen länger dauert. Haben Sie also ab jetzt bitte Verständnis für die ewige Salatbestellerei und die ständige Panik, dicker zu werden – die ist begründet. Sie wollen schließlich auch, dass Ihr Schatz schlank bleibt.

Sie ist schneller betrunken. Auch diese Tatsache hängt mit dem höheren Körperfettanteil zusammen. Frauen nehmen mehr Alkohol auf, wenn sie gleichviel Hochprozentiges trinken wie Männer (selbst wenn man den Größenunterschied zwischen den Geschlechtern mit einrechnet). Zusätzlich haben Sie weniger Enzyme im Verdauungstrakt, die Alkohol abbauen. Dieses Wissen können Sie sich zunutze machen und noch besser auf sie aufpassen, die gleiche Menge Wein und Co. schädigt ihren Körper mehr.

Aber Achtung, wenn Sie spekulieren, ein kleiner Schwips auf der Gegenseite könnten Ihnen beim Flirten helfen: Der Effekt, «sich jemanden schön trinken», funktioniert bei Frauen nicht, wie eine neue Studie beweist (auch wenn Sie gerade gelernt haben, dass dafür weniger Kaltgetränk nötig ist als angenommen). Bei einem Test wurden nüchternen und später leicht angeheiterten Frauen Bilder von Männern gezeigt, deren Aussehen sie bewerten sollten. Ergebnis: Bei den beschwipsten Frauen schnitten die Männer insgesamt deutlich schlechter ab. Sprich: Der Alkohol macht Sie in den Augen der Tresenbekanntschaft nicht attraktiver, im Gegenteil. Noch ein Grund für zivilisierte Zurückhaltung beim Zuprosten.

Sie mag Schnickschnack für die Wohnung. Diese weibliche Eigenschaft ist eindeutig von einem den Frauen angeborenen Nestbau-Gen verursacht, erklärt die Freiburger Anthropologin Ursula Wittwer-Backofen, denn es handelt sich um naturgegebenes Rollenverhalten: «Bei der optimalen Aufzucht der Nachkommen hat es sich für sie bewährt, auf ein behagliches Nest und soziale Kompetenz zu setzen.» Deshalb mögen Frauen auch so gerne Blumen als Deko, am liebsten geschenkt, denn das Wohnen muss schöner werden. «Sie freut sich natürlich auch über die Zuwendung ihres Liebsten», so die Professorin für biologische Anthropologie. Die Partnerin erwartet also, dass Sie ihr Hausputz-Verhalten loben oder sogar Blumen für den Nestschmuck mitbringen. Lästern Sie also nicht, Sie werden es nicht ändern. Versuchen Sie lieber, die Dekowut in geschmackvolle Bahnen zu lenken.

Sie lebt länger. Es gibt unterschiedliche Thesen, warum das so ist. Manche glauben, der Trainingseffekt des monatlichen Blutverlustes stimuliere den Körper. Andere meinen, es hänge mit dem Stoffwechsel (weniger Testosteron …) zusammen. Aber es gibt auch eine Theorie, die das längere Leben vieler weiblicher Lebewesen mit einer evolutionären Beobachtung verbindet: «Versuche mit Affen haben gezeigt, dass männliche Tiere, die sich mehr um die Aufzucht des Nachwuchses kümmern als die Weibchen, länger lebten», erklärt die Anthropologin Wittwer-Backofen. Der Umkehrschluss lautet: «Weil Frauen mehrheitlich für die Aufzucht der Nachkommen verantwortlich sind, und das mehr Zeit beansprucht als die männlichen Tätigkeiten, leben sie auch länger.» Sollten Sie nicht doch ein Babyjahr einlegen, quasi als lebensverlängernde Maßnahme?

Sie hört besser. Nicht genug, dass die Partnerin immer alles ganz genau von Ihnen hören will, sie hört es auch noch akzentuierter. Frauen registrieren mehr Töne in der Höhe und der Tiefe, ihr Gehör hat einen größeren Umfang, ergab eine Untersuchung an der University of North Carolina. Die

Anthopologin Helen Fisher vermutet, dass das weibliche Gehör so gut ausgebildet ist, damit Frauen den schreienden Nachwuchs in der Nacht besser hören können. Tja.

Sie ist öfter schlecht drauf. Depressionen und posttraumatische Störungen treffen mehr als zweimal häufiger Frauen als Männer. Am Beispiel von Ratten wurde jetzt ein Grund dafür erforscht: Weibliche Nager lösen kognitive Aufgaben ohne Stress gleich gut wie männliche (und unter heftigem Stress übrigens genauso schlecht), wenn man sie jedoch unter moderaten Stress setzt, verschlechtern sich die Ergebnisse bei Weibchen – aber nur an den Tagen des Zyklus, an denen sie extrem viel Östrogen im Blut haben, fand Dr. Rebecca Shansky von der Yale University School of Medicine, Abteilung Neurobiologie heraus. Das Forschungsergebnis wurde im Dezember 2003 in der Zeitschrift «Molecular Psychiatry» veröffentlicht. Man kann für Menschen folgern, dass hohe Östrogenwerte eine negative Stressreaktion begünstigen. Also sind die hormonellen Schwankungen des Zyklus beteiligt am Phänomen der emotionalen Tiefs. Zu diesem Schluss passt auch eine andere Beobachtung, nämlich die Tatsache, dass das im Vergleich zu Männern häufigere Auftreten von depressiven Störungen bei Frauen während der Pubertät beginnt und mit der Menopause, also nach den Wechseljahren aufhört. Davor und danach ist die Rate bei beiden Geschlechtern gleich. Trösten Sie die Empfindliche vermehrt, sie hat eben öfter den Blues, und zum Glück muss das nicht immer gleich eine Krankheit sein, sondern ist im Normalfall ein kleines (Hormon-)Tief.

Sie macht sich mehr Sorgen. Das ist überhaupt eine interessante Formulierung, denn wenn man sich Sorgen *macht*, heißt das nicht automatisch, dass man auch Sorgen hat – man macht sie sich ja. Bei Frauen hört sich das typischerweise so an: «Dies könnte passieren oder das, die Welt könnte mir auf den Kopf fallen und kein Mensch mag mich mehr.» Die ständige Problemwälzerei von Frauen regt Männer auf. Aber auch hier scheinen angeborene Zusammenhänge und wiederum das Hormon Östrogen eine große Rolle zu spielen. Mehr Östrogen im Blut führt zu einem niedrigeren Level eines Enzyms, das COMT heißt. COMT hilft dem Körper jedoch, mit Stress zurechtzukommen. Wer also weniger COMT hat, ist ängstlicher. Der Forscher Dr. Ting-Kai Li kommt nach einer von ihm durchgeführten und im Fachmagazin «Psychiatric Genetics» im Jahr 2003 veröffentlichten Studie zum Schluss, dass Frauen wahrscheinlich aufgrund dieser körperlichen Unterschiede mehr zur Ängstlichkeit neigen als Männer. Vielleicht verstehen Sie jetzt, warum Ihre Beifahrerin viel eher panisch «Nicht so schnell!» ruft.

Dazu passt auch das Ergebnis einer Untersuchung der Anxiety Disorders Association of America: Insgesamt zeigten Frauen ein nur wenig höheres Angst-Level als Männer. Sie sorgen sich jedoch doppelt so häufig mehr als eine Woche über eine Sache als Männer. Das kennen Sie sicher. Jetzt wissen Sie: Es liegt – teilweise zumindest – in den Genen.

Sie ist schmerzempfindlicher. Frauen stöhnen mehr – wenn es um Schmerzen geht. Auch wenn alle Frauen als maximales Schmerzerlebnis die Geburt angeben, das nur sie exklusiv durchleiden müssen, mehren sich in der Forschungsliteratur die Hinweise, dass insgesamt wohl doch eher die Mädels Memmen sind. Frauen zeigten bei Versuchen eine niedrigere Schmerzgrenze und -toleranz, bewerteten denselben Schmerzstimulus höher als Männer und schwächeln schneller bei Tätigkeiten, wenn's wehtut. Halten Sie darum eine Aspirin für Ihr Schätzchen bereit, und immer pusten, wo's Aua macht. Auf der anderen Seite kann es ja ganz vernünftig sein, nicht immer tapfer und still zu leiden «wie ein Mann», denn mit Schmerz zeigt uns der Körper, dass er ein Problem hat. Es ist kein Fehler, darauf zu hören, statt sich mit ungesundem Verhalten mehr zu schaden. Wenn Sie also eine Blase bekommen, laufen Sie nicht weiter. Sie könnten zwar als harter Mann jetzt noch ein wenig länger joggen, dafür aber in den nächsten Tagen gar nicht mehr laufen.

Sie will heiraten. Ja, sie will. Gerne. Und immer noch geht es ihr dabei um Sicherheit und die Wirkung aufs soziale Umfeld, obwohl das eher im Unterbewusstsein eine Rolle spielt. In einer Untersuchung von Michaela Benzeval von der Queen-Mary-Universität in London stellte sich vor kurzem heraus, dass Frauen tatsächlich im Stand der Ehe am glücklichsten sind, nämlich seelisch am ausgeglichensten. Forscher verglichen die psychische Gesundheit von Männern und Frauen je nach Status (Single, Partnerschaft ohne Trauschein, verheiratet). Heraus kam: Frauen finden in der Ehe den größten Seelenfrieden und kommen mit dem Single-Dasein psychisch relativ gut zurecht. Männer dagegen sind in wilder Ehe seelisch am ausgeglichensten, etwas weniger zufrieden in der Ehe und fühlen sich als Singles seelisch am stärksten belastet, sie kommen weniger gut mit der Situation zurecht. Benzeval meint: «Es kann sein, dass Frauen in wilder Ehe weniger ausgeglichen sind, weil sie sich in diesem Stand weniger geschützt und finanziell abgesichert fühlen. Für Männer ist dagegen die persönliche Absicherung kein Problem, sondern eher die Frage des Eingesperrtseins.»

Im Übrigen widerlegt die Studie über psychisches Wohlbefinden je nach Familienstand noch ein weiteres Fehlurteil: Viele denken ja, Männer wurden Trennungen nicht so gut wegstecken – das Gegenteil ist der Fall: Männer erholen sich schneller davon, während Frauen stärker leiden, je mehr Beziehungs-Schiffbrüche sie nacheinander erleben. Allerdings hat die Ehe auch für Männer Vorteile: Eine Studie der Warwick University von Professor Andrew Oswald und Dr. Jonathan Gardner zeigt, dass Ehemänner länger leben (im Durchschnitt drei Jahre, wie eine andere Untersuchung zeigte) und gesünder sind als Junggesellen. Kleine Einschränkung: Gesund bleibt ein Mann am ehesten, wenn er *glücklich* verheiratet ist.

Und noch ein Extra: Männer können einen weiteren positiven Effekt aus der Ehe ziehen, denn in einer englischen Untersuchung sagten zwei Drittel der verheirateten Frauen, dass sie den besten Sex ihres Lebens mit ihrem Ehemann erlebt hätten. Nur 13 Prozent fanden voreheliche Sexerlebnisse eindrucksvoller.

Sie weint nach dem Sex. Klar, weil Sie so gut sind … Dazu muss man wissen: Jede Frau hat von Natur aus das Zeug zur Heulsuse, verstehen Sie das aber jetzt bitte nicht als Abwertung Ihres koitalen Könnens. Frauen erleben eine größere Serotoninausschüttung als Männer, nach dem Sex, beim Lachen oder einfach wenn die Sonne scheint. Das Hormon agiert als Stimmungsmacher und hilft bei der Kontrolle des Schlafs, beruhigt, dämpft Angst, und lindert depressive Gefühle, macht außerdem geduldiger und ruhiger.

Und warum weint sie dann schneller? Weil zusätzlich zu dem intensiven Gefühlsausbruch via Serotonin das Hormon Prolaktin entscheidend ist. Frauen haben einen höheren Prolaktin-Level im Blut. Verräterisch ist, dass dessen Level in der weiblichen Tränenflüssigkeit höher ist. Seine Hauptaufgabe ist, die Brust zur Milchproduktion anzuregen, das Hormon ist aber auch jenseits der Mutterschaft aktiv. Frauen weinen fünfmal so viel wie Männer, schreibt Günter Willen im Buch «Wer das liest, lebt länger», insgesamt 5,3-

mal pro Monat. Halten Sie also eine Ladung Taschentücher bereit, an guten wie an schlechten Tagen oder für den Megaorgasmus.

Sie braucht länger im Supermarkt. Jaja, Sie wären schon seit einer Stunde wieder am Auto, da steht Ihre Partnerin noch vor dem Tiefkühlregal und studiert die Zutaten und Inhaltsstoffe der Tiefkühlpizza bis zur zweiten Stelle nach dem Komma. Frage: Ist das nötig? Warum vergeudet sie so viel Zeit für so unwichtige Dinge? Antwort: Weil sie weiß, was sie will, nämlich gesund essen. Frauen kaufen im Durchschnitt gesünder ein als Männer, achten strenger auf die Vitaminzufuhr und sind weniger oft übergewichtig: Eine amerikanische Studie zeigte, dass 42 Prozent der Männer und nur 24 Prozent der Frauen übergewichtig sind. Krankhafte Fettsucht allerdings betrifft die Geschlechter gleich, zu 14 Prozent. Insgesamt heißt das: Es lohnt sich, im Supermarkt auf sie zu warten. Sie tut ja auch was für Ihre Gesundheit, wenn Sie die gesündeste Pizza für den Fernsehabend aussucht.

Sie steht manchmal auf Machos. Oh, die Bart-Hasserin findet Russell Crowe heute trotz seines Raubein-Kiefers total anziehend, übersieht plötzlich alle netten Männer, deutet auf diesen Megablender da hinten an der Bar und flötet: «Boah, ist der heiß.» Halten Sie in solchen Momenten Ihre Liebste fest im Arm, denn sie kann nichts dafür: Die Hormone spielen ihrem Männergeschmack einen Streich. Ein psychologischer Test von Steven Gangestad an der Universität von New Mexico in Albuquerque ergab: In der Zyklusmitte, rund um die fruchtbaren Tage favorisieren Frauen für Affären oder One-Night-Stands Männer mit Macho-Verhalten und -Aussehen, auch wenn sie sonst und für längere Partnerschaften eher zuverlässige und angenehme Männer (wie Sie!) bevorzugen. Um den Eisprung findet sie nachweislich Verhalten wie fehlende Selbstkritik, ständiger Augenkontakt, ein starkes Betonen der eigenen körperlichen Vorzüge und die Abwertung männlicher Konkurrenten irgendwie gut. Aber vielleicht möchten Sie an den entsprechenden Tagen mal wieder die alten Cowboyboots tragen und kerniges Verhalten kultivieren? Wahrscheinlich steht die Süße sogar darauf, wenn Sie sie ein ganz kleines bisschen unflätig behandeln. Und Sie wissen ja: In dieser Zeit haben Frauen auch eine höhere Libido. Also, rangehen! Zählen Sie mit ihr die Tage … PS: Nimmt eine Frau die Pille, hat sie bekanntlich keine fruchtbaren Tage mehr. Hier sind also Kondomnutzer im Vorteil.

Sie findet mehr. Männer sind zwar besser bei räumlichen und mathematischen Tests (Einparken, Orte finden, Weg weisen), Frauen können sich allerdings genauer daran erinnern, wo sie ein Objekt in Raum und Zeit gelassen haben. Deshalb weiß sie auch immer, wo die Autoschlüssel geblieben sind (beispielsweise in Ihrer Jackentasche).

Sie wackelt beim Gehen mit dem Hintern. Süß, und typisch weiblich, dieser verführerische Gang. Die Ursache ist reine Anatomie: Das weibliche Becken ist im Verhältnis breiter als das männliche (schließlich muss da der Nachwuchs durch). Die Oberschenkelknochen haben einen weiteren Abstand, weshalb sie auch schräger nach innen stehen, um das Gewicht gleichmäßig zu verteilen. Ergebnis: Viele Frauen haben X-Beine, was beim Gehen diesen netten Pendeleffekt ergibt. Nicht geklärt ist aber, warum sich das Phänomen verstärkt bei Vollblut-Blondinen zeigt.

Sie handelt intuitiver. Im weiblichen Gehirn sind einige Funktionen auf die linke und die rechten Hirnhälfte verteilt, während das männliche Gehirn eher einseitig veranlagt ist. Zum Beispiel wohnt die weibliche Sprachverarbeitung in beiden Hälften (Hemisphären), bei Männern dagegen sitzt das Sprachverständnis ausschließlich in der linken Hirnhälfte, Ähnliches trifft auf das emotionale Zentrum im Gehirn zu. Außerdem ist das «Corpus Callosum», die Nervenverbindung, die Botschaften zwischen den beiden Hemisphären übermittelt, bei Frauen bis zu 30 Prozent breiter und stärker entwickelt als bei Männern, was für einen erhöhten Datenaustausch sorgt. Und weil Frauen beide Teile ihres Hirns zur Problembearbeitung nutzen, kommen sie auch eher zu scheinbar irrationalen Schlussfolgerungen – wahrscheinlich sind sie deshalb auch so unheimlich kompliziert.

Sie ist sensibler. Frauen fühlen mehr. Nicht nur, dass für einen Mann oft verwirrend viele Gefühle in ihrem Innenleben kursieren, sie fühlen auch am Körper mehr, denn die Damen besitzen eine größere Anzahl Nervenenden, es sollen sogar zehnmal mehr Rezeptoren für Berührungen auf der Haut sein. Frauen sind außerdem doppelt so empfindlich für Berührungen wie Männer. Vielleicht sind das die Gründe, warum die Damen immer so gerne gestreichelt werden wollen. Jetzt wissen Sie's, sie fühlen es sehr intensiv.

Die optimierte Frau: Fehler der Frauen, die Männer nerven – und wie man geschickt damit umgeht

Wir wollen keine langen Worte der Verteidigung verlieren, es handelt sich bei den hier angeführten Verhaltensweisen ganz klar um Fehler, die viele Frauen haben, da gibt es nichts zu diskutieren. Frauen telefonieren zu viel, sie können sich nicht entscheiden, sie nörgeln, sie finden sich zu dick und so weiter. Das nervt. Männer auf der ganzen Welt leiden unter diesen Zicken. Hier geht es nun nicht darum herauszufinden, wo dieses Verhalten herkommt, und ob man es grundlegend ändern kann – das kann man nicht. Mann, und damit sind auch Sie gemeint, kann nur lernen, schlauer damit umzugehen.

FEHLER 1: **Telefonitis**

Wie man damit umgeht:

Frauen telefonieren gerne und lang, laut einer Telekom-Studie pro Gespräch 10,4 Minuten, während Männer nur 4,8 Minuten plaudern. Zusätzlich greifen die Damen noch viel öfter zum Hörer, rund 20-mal die Woche. Dabei hätten Sie gerade heute Abend gerne mal mit ihr offline geplauscht oder hätten noch andere Ideen für intensiven Austausch, etwa im Schlafzimmer. Deshalb der Vorschlag: Lassen Sie Ihre Partnerin das unbedingt wissen, sonst kann sie nicht rechtzeitig auflegen. **Fragen Sie** nach Zeit mit ihr. Klar, das klingt jetzt banal, aber die meisten Frauen kapieren nicht, wenn Ihre männlichen Hälften Zeit mit Ihnen verbringen wollen, aufgrund der männlichen Reaktion auf den Telefonwahn (Rückzug zum Lesen oder Fußball gucken) nehmen die Ladys an, auch die männliche Abendgestaltung sei damit zufrieden stellend gelöst. Sie wird über Ihre Bitte so überrascht sein, dass sie sofort auflegt und sich Zeit für Sie nimmt.

Machen Sie in extremen Fällen der Telefonitis auch deutlich, dass es um **Präferenzen** ihrer Partnerin geht: Wenn Sie finden, dass Ihre Zweisamkeit unter den häufigen und langen Telefonaten leidet, sollte sich Ihre Partnerin überlegen, wer wichtiger ist, die fernen Freundinnen oder der nahe Geliebte.

Vor allem, wenn die Dame gerne mit Mutti oder dem Schwesterlein telefoniert, wird's interessant: Auf die Dauer sollten Sie wichtiger sein als die Familie, zumindest wenn Sie beide langfristig noch einiges miteinander vorhaben. Eine **konkrete Hilfe** können **Klingeltöne** sein, die man bei vielen Telefonen so programmieren kann, dass man schon am Ton hört, ob Mutti oder beste Freundin dran sind. Wenn der Abend zweisam werden soll, geht heute einfach keiner ran.

FEHLER 2: Sie nervt beim Autofahren

Wie man damit umgeht:

Meist sind Frauen Angsthasen und beschweren sich, weil sie sich im Auto nicht sicher genug fühlen: «Männer fahren nun einmal risikobereiter, das beweisen sowohl Studien als auch die Unfallstatistik», sagt Franz Schibalski, Verkehrspsychologe beim ADAC in München. Sie haben nun drei Optionen, wie Sie dem Genörgel vom Beifahrersitz ausweichen können. **Erstens:** Sie sagen ihr, dass sie **still sein** soll, weil nämlich sie es ist, die mit diesem Verhalten die Unfallgefahr erhöht. «Auseinandersetzungen im Auto erhöhen das Unfallrisiko, weil sich der Fahrer nicht auf sein eigentliche Aufgabe konzentrieren kann, das Fahren», sagt sogar der ADAC-Experte. Also antworten Sie auf alle Anfechtungen mit: «Ich trage die Verantwortung für unser Leben. Deshalb kann ich jetzt nicht mit dir herumdiskutieren.» **Zweitens:** Sie fahren **langsamer**. Okay, das wissen Sie, aber es musste eben gesagt werden, weil es doch eine sinnvolle Alternative zu regelmäßigem Ärger sein kann. **Drittens:** Sie fahren nur mit dem **bestmöglichen Kartenmaterial** und tüfteln den Weg vorher genau aus. Wenn Sie sich verfahren, fragen Sie sofort nach dem Weg. Dazu sind Männer oft zu stolz, aber wenn der Autosegen schief hängt, weil Sie sich verfahren haben, sind Sie selbst schuld am daraus resultierenden Ärger.

FEHLER 3: **Eifersucht**

Wie man damit umgeht:

Viele Frauen sind schnell eifersüchtig. 77 Prozent der deutschen Männer sagen, sie hätten schon unter der Eifersucht ihrer Partnerin gelitten. Wenn das Ganze in Grenzen bleibt, kann es sogar gut sein für die Beziehung, schließlich zeigt Eifersucht, dass man sich der Zuneigung des Partners nicht ganz sicher ist – das wiederum kann positives Verhalten nähren, denn der eifersüchtige Partner wird sich bemühen zu gefallen. Ein Problem ist Eifersucht jedoch, wenn dahinter mangelndes Selbstwertgefühl des Partners steckt, denn diese Selbstsicherheit kann kein Partner und keine Liebe der Welt ersetzen.

Extreme Eifersucht erhebt ein Verlangen nach Ausschließlichkeit, die es im Leben und in der Liebe nicht gibt. Der Ursprung des Gefühls sitzt beim Eifersüchtigen, bei dessen Angst, dem geliebten Partner nicht zu genügen. Das vermeintliche Opfer ist also in Wahrheit der Täter. Der **einzige Weg aus der Eifersuchtsfalle** ist deshalb das **Eingeständnis** des Eifersüchtigen: «Ich habe Angst, dich zu verlieren.» Erst wenn das klar ist, kann man gemeinsam überlegen, welche Ängste, Befürchtungen und falsche Situationsinterpretationen vorliegen, die das miese Gefühl auslösen.

Im Normalfall aber können **kleine Regeln** zwischen den Partnern die schlimmsten Eifersuchtsszenen verhindern. Sorgen Sie zum Beispiel auf einer Party dafür, dass sich die Begleiterin nicht in das miese Gefühl hineinsteigern kann, indem Sie vorab ein **geheimes Zeichen** verabreden, mit dem Ihre Süße Ihnen mitteilen kann, dass sie gerade eine Krise kriegt, weil Sie schon seit einer Stunde an den vollen Lippen dieser hübschen Helikopterpilotin mit den Bambi-Augen hängen. Ein Nicken zum Beispiel, ein bestimmtes Zwinkern oder ein über die Kehle gezogener Finger könnte die Bitte ausdrücken: «Hör auf», oder: «Komm mal wieder zu mir.» Dann sollten Sie sich wieder um die Partnerin kümmern.

Eine gute Stress-Vorbeugung ist auch: **Sie stellen Ihr alle Frauen vor**, die Sie auf der Party kennen, und berichten ihr schon im Vorhinein etwas über die wichtigsten weiblichen Kollegen und Freunde. Dann muss sie sich keine Sorgen machen, denn sie weiß, das Paula zwar prima aussieht, aber nicht ihr Fall ist, Fiona eh einen Freund hat (Fitnesstrainer) und Babs mit der Barbiefigur unheimliche Minderwertigkeitskomplexe hat. So kann keine Eifersucht aufkommen, Schatzi weiß Bescheid.

Ein weitere Eigenschaft, die Eifersucht bekämpft, ist **Zuverlässigkeit**. Wenn Sie versprochen haben, sich zu melden, sollten Sie es auch tun. Wenn nicht, verunsichern Sie Ihre Liebste – kann sie auf Ihren Partner zählen? Meinen Sie es ernst? Ist sie Ihnen wichtig genug? Eine versetzte, wenig beachtete, wenig umworbene Frau wird zum Schluss kommen, dass dem nicht so ist, und wer das Gefühl hat, um die Partnerschaft fürchten zu müssen, wird garantiert eifersüchtig, das würde Ihnen andersherum genauso gehen. Deshalb ist es wichtig, die **Gemeinsamkeit** als Paar zu betonen und eine Zukunftsperspektive zu eröffnen, die ihr Sicherheit vermittelt. Lassen Sie sich trotzdem nicht abschirmen vom Rest der Welt.

FEHLER 4: Sie kommen nie pünktlich los beim Ausgehen – die Liebste braucht ewig, bis sie fertig ist

Wie man damit umgeht:

Jaja, Sie wollen los, und da fängt sie gerade erst an, über das richtig Outfit nachzudenken, und schminkt sich ganz gemütlich. Das dauert dann eine halbe Ewigkeit, und Sie drehen Däumchen. Folgende Schlaumeier-Techniken helfen, damit Sie nicht immer als Letzter ankommen, wenn das Buffet schon lange geplündert ist: **Prägen Sie sich drei Lieblingsoutfits** ein, in denen Sie Ihre Partnerin gerne sehen. Falls sich die Lady fragt, was sie heute tragen soll, wünschen Sie sich was und sagen ihr zugleich, wie unbeschreiblich gut sie darin aussieht. Damit geht das Kleideraussuchen ganz schnell, das überzeugt die Wählerische. Sie können das Fortkommen zusätzlich beschleunigen, indem Sie parallel schon mal Jacke, Schal und Schuhe **bereitlegen**.

Im Notfall kann auch eine **Notlüge** helfen: Verschieben Sie die Deadline eigenmächtig um eine halbe Stunde. Wenn Sie um 20 Uhr da sein möchten, erklären Sie ihr, Sie wollten um 19:30 Uhr erscheinen. Vielleicht werden es dann schaffen, immerhin um 20:10 da zu sein. Zusätzlich ist es nützlich, eine ungemütliche **Atmosphäre** zu erzeugen, um den Aufbruch zu beschleunigen. Schalten Sie Radio, Fernseher oder Stereoanlage aus, reißen Sie ein paar Fenster auf, wenn's kalt ist und machen Sie die Lichter aus. Ein wenig **sanfter Zwang** kann auch nicht schaden: Verabreden Sie, dass zu einer vereinbarten Zeit ein Taxi kommt. Wenn es warten muss, zahlt der,

der noch nicht fertig ist. Darauf hat die Dame sicher keine Lust, also ist sie pünktlich zur Stelle.

FEHLER 5: **Sie will, dass Sie zuhören (und das dauernd)**

Wie man damit umgeht:

Sie kommen nicht drum herum, das ist die bittere Pille. Deshalb ist es besser, aktiv zuzuhören, denn nichts verletzt eine Frau mehr, als wenn sie sagen muss: «Das weißt du nicht? Ich habe es dir doch gestern Abend erzählt!» **Kleiner Crashkurs im Hörverhalten**: Hören Sie konzentriert zu. Unterbrechen Sie möglichst wenig. Testen Sie mit kleinen Nachfragen, ob Sie auch alles verstanden haben. Versuchen Sie Zwischentöne herauszuhören, fragen Sie gezielt nach Gefühlen. Zeigen Sie selbst (Mit-)Gefühle, das macht Sie zu einem Super-Hörer. Die Redselige wird Sie lieben. Wenn Sie nicht mehr oder gar nicht können, vertagen Sie das Gespräch. Das geht auch.

FEHLER 6: **Sie will dauernd Austausch**

Wie man damit umgeht:

Jedenfalls **nicht**, indem man schweigt. Das veranlasst Frauen nämlich eher dazu, einen umso größeren Redeschwall zu produzieren, um den Austausch, den sie gerne hätten, zu provozieren. Männer erzählen meist wenig Persönliches, weil sie es für nicht so wichtig halten, aber genau für diese Dinge interessieren sich die Frauen. Erzählt er nichts, denkt sie, er verheimlicht etwas. Eine Frau macht sich dann tausend Gedanken, stellt tausend Fragen und macht tausend Vorwürfe. Männer reagieren genervt und fühlen sich kontrolliert, ziehen sich weiter zurück, um sich zu schützen. Das bringt leider nichts, sondern gefährdet die Liebe. Der Ausweg: Steigen Sie nicht gleich am Anfang aus dem Dialog aus, sondern **öffnen** Sie sich früh und **erzählen ein paar Dinge**, es muss nicht viel sein. Dann ist die Neugierige befriedigt, und die Fragerin lässt Sie in Ruhe (endlich).

Psychologe Michael G. Connor aus den USA kommt zum Schluss, dass Frauen das Reden zufrieden macht, während es Männer eher verunsichert: «Frauen fühlen sich durch Kommunikation, das Austauschen von Erfahrungen, emotionalen Inhalten sowie persönlichen Sichtweisen automatisch dem anderen näher, und sie fühlen sich bestätigt. Männer finden solche Anteilnahme und Kompliziertheit nicht gut und sind schnell überwältigt davon.» Was Sie auch noch **wissen sollten:** Dahinter steckt die Tatsache, dass Frauen das Gefühl haben, Schweigen bedeute «Wir verstehen uns nicht», während ihnen ein Gespräch totale Harmonie der Partner signalisiert. Bei Männern jedoch kann profundes Schweigen totales Einverständnis bedeuten, was Frauen stets gründlich missverstehen. **Erklären Sie** deshalb erst einmal wortreich, was Ihnen Schweigen bedeutet und dass Sie Ihre Liebe auch ohne Worte zeigen (und dass die Dame ihre Liebe beweisen kann, wenn Sie ein paar Stunden ohne Worte miteinander verbringen). Am besten Sie vereinbaren ein Codewort oder kündigen konkret an, dass Sie Ihre Ruhe brauchen. Damit kann die Liebste dann umgehen.

FEHLER 7: Frau will kuscheln, Mann will Sex

Wie man damit umgeht:

Für diese unterschiedlichen Reaktionen angesichts des anderen Geschlechts ist ein- und dasselbe Hormon verantwortlich, sagen Endokrinologen (Mediziner, die auf den Hormonhaushalt spezialisiert sind), nämlich das Oxytocin. Es ist wissenschaftlich belegt, dass einem Mann, an den sich eine Frau schmiegt (na ja, vielleicht nicht irgendeine), das Hormon sofort durch die Adern schießt und alles an ihm startklar für Sex macht. Bei Frauen bewirkt das Hormon Sehnsucht nach körperlicher Nähe, und es ist nicht, wie beim Mann, nur während des Beischlafs aktiv. In Kombination mit Östrogen sorgt es für das jedem Mann leidlich bekannte weibliche Schmusebedürfnis. Lösung: Einigen Sie sich auf **eine Kuschel-Formel**, um die unterschiedlichen Bedürfnisse zu befriedigen. Etwa, indem Sie ausmachen, dass Sie zwischen jeden Sexakt eine Kuscheleinheit einlegen. Halten Sie sich dran, wird Sie beim nächsten Sex umso liebevoller aufdrehen.

Es gibt noch eine zweite Schwierigkeit bei Kuscheln, nämlich eine **negative Sex-Kuschel-Spirale:** Wenn er auf Sex drängt, während sie kuscheln möchte, denkt sie bald: «Er will nur noch das eine von mir», und dann hat sie keine Lust mehr. Weil er nicht darf, wie er möchte, drängelt er wiederum beim Kuscheln immer nach Sex. Folge: Beide haben weder Sex noch

Zärtlichkeit und streiten sich darüber. Er sagt, sie liebt ihn nicht, sie sagt, er respektiert sie nicht. Auch hier ist die beste Lösung: Kuscheln vom Sex trennen und abwechseln.

FEHLER 8: **Frauen shoppen ohne Ende**

Wie man damit umgeht:

Frauen kaufen extrem gerne ein, fast alle. Ein gutes Indiz dafür: Nach Schätzungen von Experten leiden ungefähr eine halbe Million Menschen an Kaufsucht, 90 Prozent davon sind Frauen. Aber das allein wird nicht zum Problem in einer Partnerschaft, sondern der Wunsch der Frau, dass der geliebte Mann gefälligst mitzukommen habe und die Strapaze lächelnd, geduldig und begeistert durchzustehen hat (so, also ob Sie eine Modelleisenbahn oder ein Automodell aussuchen würden). Das können Männer aber nicht.

Seien Sie also vorab **ehrlich** zu Ihrer Partnerin: Sie können das nicht. Sie wollen das nicht. Ganz werden Sie nicht drum herum kommen, aber so **senken Sie schon mal die Erwartungshaltung**. Ermutigen Sie außerdem die Liebste, lieber öfter allein oder mit der besten Freundin loszuziehen, denn: «Dann hast du bestimmt mehr Spaß als mit mir», was wohl auch stimmt. Künftig sollten Sie seltener mit auf Laden-Tour gehen, dafür aber dann, wenn Sie wirklich Lust und Kondition dazu haben. Und vergessen Sie nicht, sich als **Ausgleich für die Strapazen** eine Aktivität (als Gegenleistung) zu wünschen, die Schatzi sonst nicht so gern macht (Fußball oder Autorennen gucken, Kerleabend, eine Dreiviertelstunde Computer- oder Plattenladen). Dann **lernt die Dame** nämlich, **Ihren aufopfernden Einsatz** am Samstag wirklich zu **schätzen**.

Shoppen für Anfänger. So werden dabei beide glücklich

Okay, Sie haben sich dazu durchgerungen und gehen mit, nur für Ihre Liebste. Wenn Sie mehr als gute Miene zum Geldausgeben machen wollen, sollten Sie ein paar Regeln beachten, mit denen Sie selbst mehr Spaß haben werden, die aber auch Ihren Schatz rundum glücklich machen.

1. **Stellen** Sie das Shoppen der Dame in den Mittelpunkt. Madame sucht, Sie sind Assistent.
2. **Bleiben** Sie beim Umkleiden unbedingt in der Nähe, damit Sie Ihre Meinung loswerden können, die ist nämlich gefragt.
3. **Seien** Sie bei Kommentaren diplomatisch. Wenn etwas passt und gut ist, sind Sie wirklich begeistert. Wenn etwas nicht passt, sagen Sie: «Das hat zu wenig Stil.» Wenn Sie etwas langweilig finden, vergleichen Sie mit alten Kleidungsstücken, die sie schon hat, oder langweiligen Freundinnen («Das ist okay für Petra, aber du bist doch viel hipper»). Es ist zu teuer: «Es steht dir nicht so gut.»
4. **Bringen** Sie Ihr ein paar Sachen zum Probieren, die *Sie* wirklich sexy finden, mit tiefem Ausschnitt oder hautengem Schnitt. Ein bisschen Spaß muss sein.
5. **Bringen** Sie ihr ein paar Sachen, die Ihr Schatz sicher gerne mag. Das macht sie restlos glücklich, sie fühlt sich verstanden.
6. **Prägen** Sie sich die richtigen Größen ein. Wenn Sie die nicht wissen, haben Sie schon verloren.
7. **Machen** Sie viele Pausen. Hier ein Cappuccino, da ein Sandwich. Es nützt ja nichts, wenn Sie frühzeitig schlappmachen.
8. **Kaufen** sollte man mindestens ein Teil, und seien es am Ende nur ein paar Blumen oder ein Lippenstift. Ein Shopping-Trip braucht sichtbare Erfolge.

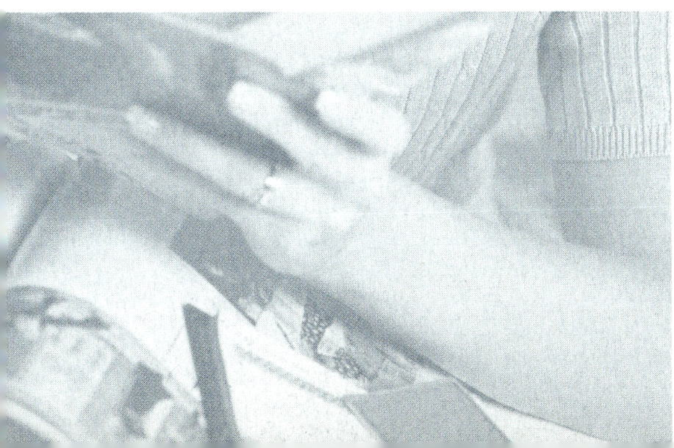

FEHLER 9: **Sie kann Probleme nicht alleine lösen**

Wie man damit umgeht:

Sie kann es doch. In dieser Sache liegt meist ein Missverständnis vor. Wenn eine Frau Ihnen mit einem Problem kommt, braucht Sie keine Lösung, sondern einen geduldigen Zuhörer. Männer dagegen argumentieren meist lösungsorientiert und sind sofort mit tausend Tipps und Ideen zur Stelle, dabei brauchen Frauen nur Folgendes: a) **Rückhalt** à la «Ich bin auf deiner Seite» und b) **Verständnis** für ihre Gefühle. Tun Sie das. Ergreifen Sie die Partei der Partnerin und signalisieren Sie, dass Sie ihre Gefühle verstehen, das ist besser als jeder noch so schlaue Lösungsvorschlag. Auf Lösungen kommen Frauen übrigens selber, und zwar während des Redens.

FEHLER 10: **Sie kann sich nicht entscheiden**

Wie man damit umgeht:

Sie können es wahrscheinlich schon nicht mehr zählen, wie oft Ihre Partnerin angesichts eines Jobs, Urlaubs, Geschenks, neuer Schuhe, der vielen Auswahlmöglichkeiten im Kleiderschrank oder der Restaurantkarte stirnrunzelnd zu Ihnen aufsah und sagte: «Soll ich oder soll ich nicht?» Sie soll, aber bitte gefälligst alleine – entscheiden. Als Entschuldigung für dieses Un-Verhalten kann man nur vorbringen, dass viele Frauen meist schon als Kinder erfahren haben, dass Papa alle wichtigen Angelegenheiten entschied, nie Mama. Wenn dieser Papa seiner Tochter auch noch das Gefühl gab, wenig wert zu sein, konnte sie nie genug Selbstvertrauen entwickeln, um nun freibestimmt zu agieren. Hinzu kommt: Wer allein entscheidet, muss die Konsequenzen auch alleine tragen. Noch ein Grund mehr für manches risikoscheue Wesen, andere einzuspannen.

Weil Sie darauf keine Lust mehr haben, machen Sie ein kleines **Entscheidungstraining** mit ihr: **Zeigen** Sie Interesse an Ihrer Meinung. Sie soll erklären, was Sie denkt. Das tut schon mal dem Selbstbewusstsein gut. Ihre Meinung sagen Sie nicht. Dann **provozieren** Sie die Dame mit einer absurden Aussage zur Entscheidung, damit sie spontan reagiert. Ja oder Nein, und spontan rutscht ihr heraus, was sie wirklich will. Da ist sie, ihre Entscheidung! Wenn eine Frau dann immer noch unsicher ist, hilft nur eine **Zu-**

fallsentscheidung. Akzeptiert die Entscheiderin das Ergebnis, ist alles okay. Akzeptiert sie nicht, dann ist (und war und bleibt) die andere Alternative die richtige Wahl, fertig.

FEHLER 11: Sie möchte den Mann an Ihrer Seite ändern (Sie!)

Wie man damit umgeht:

Auf die Dauer kommen in einer Partnerschaft auch die Dinge zum Vorschein, die uns am anderen nicht gefallen. Vor allem Frauen scheinen im Lauf der Zeit immer mehr unpassende Punkte am Mann zu finden. Das kann nicht sein, denkt man und wehrt sich. Klar, auf der einen Seite ist umerziehen nicht erlaubt, auf der anderen Seite ist jeder seinem Partner ein gutes Korrektiv, also ist es in manchen Fällen gar nicht doof, sich etwas sagen zu lassen. Gehen Sie so vor: Bevor Sie sich über Änderungswünsche der Liebsten aufregen, überlegen Sie sich kurz, ob das was sie sagt, Sie insgesamt weiterbringt. Sie sollten **die Wünsche diskutieren**, dann merkt Ihr Gegenüber, dass Sie deren Meinung ernst nehmen. Klären Sie vorab: Warum findest du dies oder das nicht gut? Was würde es bringen, wenn ich es ändere? Wenn Sie anderer Meinung sind: **Erklären Sie ihr, warum Sie** auf bestimmte Dinge Wert legen und **diese nicht ändern wollen**.

Ein wenig gut dosierte Kritik ist dagegen gar **nicht schlecht**, denn Sie müssen sich vor Augen halten: Richtig schlimm wäre es, wenn die Partnerin gar nicht meckern würde. Dann nämlich wären Sie ihr egal, und sie würde nicht an eine Zukunft mit Ihnen glauben. Frauen, die etwas mit Ihnen auszuhandeln haben, sind Frauen, die eine Zukunft mit Ihnen planen.

FEHLER 12: Sie fragt ständig: «Sieht meine Frisur gut aus?»

Wie man damit umgeht:

Im Normalfall ist dem Mann die Haartracht der Frau nicht richtig wichtig. Und doch will jede ständig bestätigt haben, dass ihre Frisur super sei. Der Grund für dieses leicht manisch-panische Verhalten ist die schlichte Tatsache, dass Haare der einzige äußerliche Schmuck sind, den eine Frau am Abend nicht ablegen kann, außerdem sind schöne Haare (neben Brust, Hüfte und Gesicht) das Symbol sexueller Verführungskraft schlechthin, schauen Sie sich nur einmal die Shampoo-Werbung an, Schüttel dein Haar für mich! Seien Sie also **vorsichtig mit Kommentaren**, verpacken Sie **Kritik in ein sanftes Kompliment** und kritisieren sie brandneuen Kopfputz nie direkt nach dem Friseurbesuch, sondern erst drei Tage später (dann hat sie das Desaster schon selbst gemerkt und psychisch verarbeitet).

FEHLER 13: Frauen wollen heiraten und Kinder bekommen

Wie man damit umgeht:

Das ist heikel. Sie haben genau eine gute Reaktionsmöglichkeit, wenn eine Frau Sie mit einer der beiden lebensentscheidenden Zukunftsfragen konfrontiert: Antworten sie **ehrlich und offensiv**, alles andere wäre unklug und unfair – es geht um Entscheidungen, in denen es per se keine Kompromisse gibt und von denen das Lebensglück (weil Lebenskonzept) beider Partner abhängt. Wenn Sie beide noch jung sind, sollten Sie prophylaktisch lieber nichts ausschließen, aber eine klare Ansage über die Planung Ihrer nächsten Lebensjahre machen. Wenn die biologische Uhr der Dame laut tickt, sollten Sie sich genau darüber klar werden, was Sie wollen, und das auch äußern – selbst wenn das eine große Enttäuschung bedeutet und die Beziehung in den Grundfesten erschüttert. Wer eine Entscheidung verweigert, hat den Konflikt über existenzielle Lebensziele nur verschoben, nicht aufgehoben. Es gibt nichts Schlimmeres als die Frustration, einen Lebensplan nicht verwirklichen zu können, weil ein Partner den anderen mit «ich überlege noch» so lang hingehalten hat, bis man zu alt wird für die Fortpflanzung. Realisiert das einer der Partner, wird er sich verraten und verkauft fühlen.

Wenn Sie **unentschlossen**, aber nicht ganz abgeneigt sind, riskieren Sie übrigens eine spontane Vaterschaft, denn manche Frauen interpretieren ein «vielleicht» als ein «er will ja eigentlich doch» und setzen die Pille ab. Wer eine solche Überraschung nicht schätzt, sollte bei einsetzenden Grundsatzdiskussionen und Differenzen über den Fortpflanzungsfahrplan unbedingt die **Verhütung selbst in die Hand nehmen**.

Umgekehrt sollten Sie ebenfalls eine **definitive Antwort fordern**: Wenn Sie unbedingt Kinder wollen, Ihre Partnerin das aber mit fadenscheinigen Gründen bis zum Sankt-Nimmerleins-Tag hinausschiebt, müssen Sie Klarheit schaffen. Bei Uneinigkeit besteht natürlich immer die Möglichkeit, dass einer nachgibt – aber ehrlicherweise wird man einen Lebensplan weder schnell noch einfach aufgeben. Erfahrungsgemäß kommt man nur schwer mit nicht realisierten Elternträumen zurecht, das belastet die Partnerschaft immens und ist erfahrungsgemäß oft ein Trennungsgrund. Darum das Plädoyer für klare Worte.

FEHLER 14: Sie weint. Was tun?

Wie man damit umgeht:

Die einzig richtige Reaktion ist: **Trösten** Sie und sagen Sie ja nie: «Sei doch nicht traurig!», oder: «Wird schon wieder gut». Damit zeigen Sie nämlich nur, dass Sie ihr Gefühl nicht ernst nehmen, und dann ist ihr nur noch mehr zum Heulen zumute. Sie braucht Verständnis und ein paar Minuten an Ihrer Schulter, dann ist es am schnellsten wieder gut.

FEHLER 15: Sie sagt nicht, was sie will. Aber Sie müssen trotzdem ahnen, was das Richtige wäre

Wie man damit umgeht:

Glauben Sie einer Frau nicht, wenn Sie sagt «Och nee, macht gar nichts» oder «geht schon», schon gar nicht, wenn die Aussage diesen leicht bedrohlichen Unterton hat, den jeder Mann kennt. Dann sollten die Alarmglocken läuten, das Gegenteil ist nämlich der Fall. Aus irgendeinem Grund traut die geliebte Schnepfe sich nicht, ehrlich zu sein, vielleicht ist es ihr peinlich, oder sie versucht, ihren inneren Schweinehund zu überwinden, aber es klappt nicht richtig. Oder aber sie testet Ihre Reaktion. Kein einziger dieser Beweggründe ist stichhaltig, Sie haben Recht, und trotzdem sollten Sie **die Situation nicht übergehen**, denn Sie wissen aus eigener Erfahrung, dass es in keiner dieser Situationen «okay» war oder «schon in Ordnung». Hinterher kamen trotzdem Vorwürfe.

Im Notfall müssen Sie an der Stelle **ein wenig bohren**, doch Sie werden sehen: Wenn Sie an der richtigen Stelle ansetzen, sprudelt es wie Wasser aus der Quelle. Geeignete Fragen, um in so einem Moment tiefer zu schürfen, sind nicht: «Ist was?», oder «Was hast du denn?», denn das wird die Dame nicht zugeben. Fragen Sie lieber: «Mich würden deine Wünsche in der Sache genauer interessieren». Oder: «Wie denkst du genau darüber?» «Was würdest du tun, wenn du alleine wärest?» Auf Dauer jedoch sollte man eine Frau, die sich erst mit unkonkreten Angaben bedeckt hält, um es später doch immer besser zu wissen, **zu klaren Aussagen zwingen**: Sie soll sagen, was sie will. Sonst kriegt sie es nicht.

FEHLER 16: **Sie findet sich dick**

Wie man damit umgeht:

Sie sollten einmal Fotomodels über ihre Körper sprechen hören, dann wären Sie geheilt: Selbst die in Männeraugen perfekteste Frau entdeckt noch jede Menge Fehler an sich. Ihre Partnerin ist also ganz normal. Schuld an der Unzufriedenheit ist a) das überperfekte Schönheitsideal, das in den Medien und in der Mode suggeriert wird, und b) die Tatsache, dass Frauen überwiegend anhand ihres Aussehens eingeschätzt werden. Schönheiten haben's immer noch leichter im Leben, deshalb will natürlich jede so attraktiv und perfekt wie möglich sein.

Stellen Sie sich einmal vor, Sie würden permanent bessere, tollere, schönere Geschlechtsgenossen vorgesetzt bekommen, egal, was sie tun (einkaufen, Zeitschriften lesen, fernsehen, ausgehen). Würden Sie nicht auch verzweifeln? Sie können jetzt einwenden, dass auch Sie gut aussehenden Männern ausgesetzt sind, aber es gibt eben auch viele erfolgreiche Männer, die keine Schönlinge sind. Bei einer erfolgreichen Frau wird immer zusätzlich gefragt, ob Sie auch gut aussieht, wenn nicht, ist das genug Grund für Häme. Haben Sie also ein wenig Verständnis und **loben Sie**, was Sie können, an Ihrer Schönheit. Übrigens, hundert Prozent **Ehrlichkeit** sind auf diesem Gebiet **nicht gefragt**. Nennen wir es eher: begeisterte Solidarität.

Wonach Frauen bei Männern suchen – was die Dame abcheckt

Es gibt viele Wichtig- und Kleinigkeiten, auf die Frauen achten, wenn sie einen Mann kennen lernen. Dies ist eine kleine Zusammenstellung der wichtigsten Dinge, damit Sie wissen, welche grobe Checkliste im Frauenkopf abgehakt wird, wenn sich ein Mann vorstellt. Beim ersten Blick achten Frauen auf ähnliche Dinge, die auch Männer prüfen, nur sind es statt Oberweite, Hintern und Gesicht eher Schultern, Hintern, Hände und Gesicht. Man kann behaupten, dass Frauen etwas diskreter gucken, das ist aber auch alles. Beim zweiten Blick jedoch gucken sie anders. Im weiblichen Auswahlsystem geht es relativ schnell darum, ob der Mann im Sucher als Lebensgefährte infrage kommt.

Das Äußere

Da wählen Frauen mit zwei Standards: «Man muss unterscheiden zwischen kurzfristiger und langfristiger Partnersuche, also zwischen Sex für eine Nacht und Aussichten auf ewige Liebe und Hochzeit,» sagt David Buss, Psychologieprofessor von der University of Texas in Austin. Kurzfristig suchen Frauen physische Attraktivität, langfristig nach einem Mann mit Qualitäten für eine Partnerschaft, wofür Charakter und die Persönlichkeit gescannt werden. Studien haben gezeigt, dass Frauen bei Männern schnell aus dem Rennen sind, wenn die Männer sie unattraktiv finden. Umgekehrt jedoch gucken Frauen bei Männern ein zweites Mal, auch wenn sie «nur» durchschnittlich aussehen, weil sie sich für die Person und nicht nur fürs Aussehen interessieren. Sie haben also zwei Chancen.

Das Exterieur eines Mannes sagt einer Frau nicht nur, ob er Stil und Geld hat, wichtig ist ihr auch die Beobachtung, ob er sich um sich selber kümmert, um seinen Körper, seine Gesundheit, seine Attraktivität. Deshalb ist ein teures Outfit schön, aber weniger wichtig, als man denkt. Man sollte lieber auf einen kohärenten Stil, sorgfältig ausgewählte Einzelstücke und Körper- wie Frisurenpflege achten.

Und: Sie glauben gar nicht, wie sehr Frauen auf Schuhe achten. Frauen schauen genau, wie der Mann in ihr Leben tritt. Bitte meiden: Schiefe Sohlen, abgelatschte Galoschen, schlecht gepflegtes Leder, Dreck. Und sagen Sie Ihren Freunden, sie sollen weiße Socken wirklich nur zum Sport anziehen und dass Disney-Figuren in Filme gehören, aber nicht an den männlichen Fuß. Aber so etwas muss man Ihnen sicher nicht sagen.

Was Sie dabeihaben

Haben Sie ein Buch dabei, interessiert das die Dame. Das bedeutet nämlich, dass Sie lesen können, mehr als fünf Sätze am Stück, Gratulation, und mit Sicherheit auch denken können. Wenn Sie Bücher lesen, kann man davon ausgehen, dass Sie Interesse haben, die Gedanken eines anderen Menschen zu verstehen, eventuell sogar die komplizierten Gedankengänge einer Frau (schlussfolgert sie wahrscheinlich).

Haben Sie eine Aktentasche bei der Hand, ist das auch gut, Sie sind ernsthaft und gut im Job. Ein Rucksack zeigt Sportlichkeit oder eine praktische Ader, aber bitte tragen Sie kein abgegriffenes, labberiges Teil herum, das man schon vor zwei Jahren hätten ersetzen müssen. Das spricht nämlich nur von Knauserigkeit.

Augen

Die Augen sind der Spiegel der Seele, sagt man. Ob das so stimmt? Kaum, denn sonst wüsste man auf den ersten Blick, wen man vor sich hat. Immerhin zeugen wache Augen und ein offener Blick von Intelligenz, sie sagen, ob Sie mitten im Leben stehen und offen sind. Ein glasig-passiver Ausdruck … na, das können Sie sich selbst denken. Wenn Sie Ihrem Blick standhalten, zeigt das Ehrlichkeit und Charakter.

Waschmaschine

Gratulation, Sie haben eine Waschmaschine! Die Botschaft, die die Frau daraus zieht, lautet: Sie kommen auch alleine durch, ohne Mamis Bügel- und Putzhilfe. Frauen mögen Männer, die unabhängig sind, in allen Lebensbereichen.

Manieren

Oh, wie langweilig und verkrampft? Nein. Manieren zeigen natürlichen Respekt vor anderen Menschen. Sie sind ein natürliches Schmiermittel für Beziehungen, denn sie vermeiden Reibungen zwischen Menschen. Deshalb versucht eine potenzielle Partnerin auch, alle ihre Aussagen, Verhaltensweisen am Anfang ganz genau zu deuten – das verrät ihr auch, wie Sie womöglich eine Frau behandeln.

Simon Ehlers schrieb in der Zeitschrift «Psychologie Heute» über Evolutionspsychologie und Liebe: «In allen Kulturen wünschen sich die Menschen einen Lebenspartner mit Charaktereigenschaften wie Freundlichkeit, Ehrlichkeit, Fairness, Mitgefühl, Gutmütigkeit, Großzügigkeit und Wohltätigkeit. Wer sein Verhalten nicht an diesen Regeln orientiert, gilt als selbstsüchtig, rücksichtslos und nicht zuletzt als unattraktiver Sexualpartner.» Deshalb sind Manieren und Sozialkompetenz ein Universal-Attraktionsmittel für Frauen.

Hinter der weiblichen Schwäche für wohlerzogene Männer steckt auch, dass man mit einem freundlichen Menschen eben friedlicher zusammenleben kann als mit einem eindrucksvollen, aber aggressiven Macho mit Fünftagebewuchs (schon drei Stunden nach der Rasur) und gewaltigem Testosteron-Überschuss. Deshalb ist manchmal das Kompliment «echt netter Typ» wertvoller als «Wow, sieht der geil aus», zumindest solange «nett» nicht für langweilig steht.

Ihnen steht immer noch die Möglichkeit offen, einen Schuss Raubein in Ihr Leben zu bringen, das kommt dann richtig gut an: Kultivieren Sie als netter Typ an irgendeiner Stelle Ihrer Persönlichkeit ein Geheimnis. Etwa im Sinne von «Darüber will ich jetzt nicht reden» oder «Ach, das war früher, da war ich noch ein dummer Junge», oder «Wilde Zeiten, damals». Das reicht schon, um die Phantasie und das Interesse einer Frau in Gang zu setzen. Sie wird Sie nie wieder für harmlos halten.

Humor

Ebenfalls anziehend auf Frauen wirkt Humor und Selbstironie. Beides zeugt von Mitgefühl und einem gesunden, entspannten Blick auf sich selbst – man zeigt, dass man sich selbst nicht so wichtig nimmt. Wer gut erzählen kann, witzig und kreativ ist, wirkt auch als Partner attraktiv, denken Sie nur an Cyrano de Bergerac oder Popsänger mittelmäßigen Aussehens, denen sich die Frauen trotzdem zu Füßen legen.

Intelligenz

Darwin fand, dass in der Tierwelt meist die größten, buntesten, am prächtigsten geschmückten Männchen die dollsten Weibchen abkriegen – Forscher meinen, dass beim Menschen heutzutage innere, kulturelle Werte die äußerlichen, körperlichen Protz-Werte ablösen. Heute sind die intellektuellen Federn, mit denen man und Mann sich schmückt, der Schlüssel zum Erfolg in der sexuellen Selektion, so argumentiert zum Beispiel der Biologe Geoffrey Miller. Schließlich sorgt man im 21. Jahrhundert nicht mehr als Jäger und Sammler für die Ernährung und das Fortkommen, sondern verdient seine Brötchen eher mit intellektueller Leistung als mit körperlicher Kraft. Sprich: Der intelligente Mann bringt es zu mehr im Leben als der kraftvolle, also ist Ersterer auch interessant für die Frauen.

Kultur

Kenntnisse in Musik, Kunst, Sprache machen attraktiv, denn auch sie sind, wie eben erläutert die höchst geschätzten Talente aus unseren Kulturkreis. Man nutzt sein Wissen, um «potenzielle Partner (zu) beeindrucken», sagt Biologe Geoffrey Miller. Das geht auch mit Ihrem Musikgeschmack, dem Kinointeresse, der CD- oder DVD-Sammlung, zumindest, wenn die Stilrichtung der Dame gefällt. Wenn das Schätzchen Ihren Geschmack nicht teilt, bringt alles Wissen nichts (deshalb verpufft Fußball- und Autowissen bei den meisten Frauen wirkungslos). Suchen Sie sich also auch, was den Kulturgeschmack betrifft, ein passendes Weibchen.

Körperpflege

Viel braucht man dazu nicht sagen, Sie wissen es eh, immer schön sauber bleiben. Keine Frau möchte Sexwünsche in Ohren wispern, in denen das Ohrenschmalz den süßen Worten den Weg zum Gehirn versperrt. Haare gehören auf die Brust und falls möglich auf den Kopf, sollten aber nicht aus Nase und Ohren quellen. Ein weit geöffnetes Hemd mögen auch nur 5 Prozent der Frauen (sagen wir lieber: Wenn das, was sie sieht, gut aussieht, mag sie es schon, aber sie findet es trotzdem tagsüber zu offensiv). Zeigen Sie sich lieber hochgeknöpft und lassen Sie an der bezeichneten Stelle ausgiebig grasen, wenn Sie nichts mehr anhaben.

Minimales männliches Nestbauverhalten

Das imponiert Frauen: Eine Wohnung mit ein paar selber ausgesuchten und schönen Gegenständen. Zeigt auch, dass Sie sich von zu Hause abgenabelt haben und ein eigenes Leben führen. Es muss nicht alles tipptopp sein, aber es sollte mehr sein als funktional (wenigstens an drei Stellen in der Wohnung). Also kaufen Sie sich ein paar Stühle, trinken die Bierkisten leer und geben Sie sie ab, statt auf ihnen zu sitzen. Die Bettwäsche sollte neu sein und selbst ausgesucht – für Anfänger: einfarbig und ohne Vereinslogo. Gesucht und geschätzt wird von Frauen eine Minimalausstattung mit Pfiff. Der Mann mit Stil hat schöne große Weingläser, acht Biergläser (fürs Fussballgucken), eine Blumenvase (sie schenkt Ihnen sicher bald einmal eine Rose), zwei bis drei flauschige große Handtücher (nach der gemeinsamen Dusche), einen Bademantel (um die Liebste nach der Dusche darin ein- und wieder auszuwickeln).

4. Zu zweit allein:

Dos und Don'ts am Anfang einer

Beziehung

Am Anfang ist alles ganz leicht. Die Frau, in die man sich verliebt, ist perfekt (alles an ihr), man träumt von Dingen, die man machen will (alles Mögliche), an Stunden, Tage und Nächte, die man mit ihr verbringen möchte (alle Zeit). Dann sieht man sich, und es ist doch nicht so einfach: Das Herz klopft, die Hände sind feucht, ein gewisses, unsicheres Teeniegefühl stellt sich ein – man fragt sich, wie diese wunderbare Frau einen findet, die Klamotten, das Lachen, die Unterhaltung.

Gerade in den ersten Tagen, Wochen und Monaten erleben frisch Verliebte viele Situationen, in denen sie nicht sicher sind, welches Vorgehen und Verhalten gut ankommt und die Liebe stärkt, zum Beispiel was Blickkontakt, Küssen, Komplimente, Sex, und Freunde treffen angeht. Später im ersten Beziehungsjahr sind die fraglichen Themen handfester, von Telefonie-Problemen über die Geschenksuche bis zum Zusammenziehen. Deshalb erhalten Sie als Prophylaxe gegen Unsicherheiten hier ein persönliches Liebes-Coaching. Es beantwortet die Frage, wie man authentisch bleibt und trotzdem so weit wie möglich auf den anderen eingehen kann. Außerdem hilft Ihnen der Beziehungsplaner, Missverständnisse oder dumme Situationen zu vermeiden. Viele Situationen werden leichter, wenn Sie das essenzielle Know-how für Verliebte kennen.

Die ersten Male: Kennenlernen & Co

Alles, was Sie über den ersten Blick, Satz, Kompliment, Kuss, den ersten gemeinsamen Abend, die erste Nacht und den ersten Liebesschwur wissen sollten, mit einem Ausblick auf das, was danach kommt.

Der erste Blickkontakt

Dabei handelt es sich um die allererste Kommunikationsmöglichkeit, jedoch genau diejenige, mit der man sich ohne viel Aufhebens direkt ins Herz einer Frau schmuggeln kann, mit dem richtigen Timing. Sie sollten den Blick angesichts einer attraktiven Frau nicht zu lang verweilen zu lassen (auch wenn das bei mancher Naturschönheit schwer fällt), das sieht sonst nach «Starren» aus. Wenn Frauen das bemerken, drehen sie sich instinktiv weg, weil sie sich schutzlos fühlen und darüber hinaus plump angemacht. Deshalb sollten Sie Ihren Blick lieber wie zufällig über die Augenweide gleiten lassen, und dann bleiben Sie – wieder wie zufällig – kurz an der Schönen hängen. Kurz, jawohl. Dieser erste Blick hat den Sinn, Ihr Objekt der Begierde anzuwärmen, dessen Aufmerksamkeit wie unmerklich zu erregen. Das Hängenbleiben und Ins-Auge-Gucken signalisiert: «Ich habe dich gesehen. Und was ich sehe, ist gut.» Das freut die Dame.

Im zweiten Guck-Anlauf dürfen Sie das bekräftigen, denn er soll ausdrücken: «Ich bin überrascht» oder «... interessiert». Die Dame ist eben ein Blickfang, das zeigen sie ihr. Dann gucken Sie wieder weg, denn Sie haben ja noch anderes zu tun, oder Sie tun zumindest so. Der dritte Blick (hin und wieder weg, aber nie hektisch, lassen Sie sich Zeit) soll ihr dann offenbaren, warum Sie wiederholt gucken, denn echte Anerkennung liegt darin: «Poah, du siehst aber gut aus.» Suchen Sie Blickkontakt, gucken Sie ihr jetzt in die Augen. Wer will, streut ein Mini-Lächeln ein, nett, freundlich, nicht zu grinsig und nicht zu wichtig. Indem Sie dann wieder ein wenig weggucken, geben Sie der Dame die Möglichkeit, im Gegenzug gefahrlos (nämlich ohne selbst beobachtet zu werden) ein Auge auf Sie zu werfen. Es folgt eine kleine Inspektion.

Je weniger ernst und mehr beiläufig das Ganze geschieht, umso besser. Das erhöht Ihre Chancen auf positives Feedback, denn eine Frau spürt, ob Sie bei der Kontaktaufnahme entspannt sind oder um jeden Preis das weibliche Interesse erregen (gutes Wort, oder?) wollen. Gucken Sie also lieber kurz und lächeln, das wirkt charmant, aber geben Sie der Dame in Folge nicht alle Aufmerksamkeit, sonst denkt das Mädel womöglich, Sie wären dringend auf der Suche, und das sind Sie ja nicht. Sie scannen gerade die vielen Möglichkeiten, die sich Ihnen bieten, und sind zufällig an einer davon hängen geblieben. Wer Flirten als Spiel zur Übung ansieht, kann nur positive Überraschungen erleben.

Diese Art des Blickkontakts, das «erst kurz erstaunt hängen bleiben, wegschauen und im Bruchteil einer Sekunde wieder wie magisch angezogen hinschauen» sollten Sie überhaupt kultivieren. Im Schauspiel-Metier nennt man das einen Double-Take. Diese Mini-Strategie kann man sogar in der festen Partnerschaft spaßbringend einsetzen, denn mit so einem Blick quer durch den Raum, etwa bei einer Party, kann man seiner Liebsten einen erotischen Stromstoß verpassen, sie fühlt sich dann verehrt und begehrt (für einen kleinen Augenflirt mit fremden Partybesucherinnen ist er auch natürlich nützlich, aber seien Sie diskret). Nicht nur die Gedanken, auch die Augen sind frei.

Die ersten Worte

Sie denken: «Hallo, ich bin Holger» ist zu langweilig? Okay, Sie sollten Ihren eigenen Namen benutzen, aber dieser scheinbar langweiligste aller ersten Sätze ist, tata, ein Tusch, zugleich der sinnvollste. Vom Preis-Leistungs-Verhältnis ist der Satz eindeutiger Spitzenreiter, bei minimalem Aufwand bringt er maximale Wirkung: Er kostet kein Gehirnschmalz und entspannt zugleich die Gegenseite: Die angesprochene Frau kennt danach Ihren Namen und merkt a) Sie haben Respekt und b) die Höflichkeit, sich vorzustellen, c) wollen Sie einer Frau ohne Begleitung nichts reindrücken, Sie sind nicht der Typ, der sie mit irgendetwas belabert und d) auch keiner, der mit irgendeinem pseudocoolen Spruch ranklotzt. Andere Standard-Ersttexte («Alleine hier?» «Möchtest du etwas trinken?», «Magst du die Musik?») sind genauso unkreativ, wirken aber banal und enthalten keinerlei wirklich relevante Informationen für die Gegenseite. So erfährt sie etwas von Ihnen, verrät Ihnen auch sicher gleich ihren Namen – und los geht das Gespräch.

Übermäßig witzige Männer wirken übrigens auch so, ohne dass das attraktiv wirkt. Ja, so einer ist lustig und nett, man lacht freundlich mit, aber ein Mann mit Lacheffekt landet bei Frauen eher in der Schublade «Kobold», «Spaßmacher» oder «Nett, der Junge» – aber wollen Sie da wirklich hin? Sie gehören doch ins Fach «Interessanter Typ», oder? Also verhalten Sie sich entsprechend. Wenn es Ihnen zu langweilig ist, sich einfach vorzustellen, nutzen Sie keine lustigen Sprüche von irgendwoher, sondern Ihren persönlichen Humor oder Ihre Beobachtungsgabe, das kommt am ehesten an. Das bedeutet, einen klugen Wortwitz oder eine witzige Beobachtung zur Situation zu formulieren oder etwas zu kommentieren, das Sie an ihr gesehen haben. Aber bitte mit Niveau. Probieren Sie es aus.

Die ersten Komplimente

Es kommt eine Zeit, in der man dann etwas Nettes über die Dame zu sagen hat, zu ihr. Ganz kurz und in Stichpunkten: Gut kommen bei den ersten Begegnungen Komplimente, die sich auf ihr Aussehen insgesamt beziehen, auf Frisur, Kleiderwahl, Schuhe, Brille oder Accessoires. Nicht angebracht sind Kommentare zum Körper (Figur, Hintern, Brüste, sogar Gesicht), das findet jede Frau am Anfang einerseits zu oberflächlich, andererseits schnell zu anzüglich (sie denkt: «Er reduziert mich auf meine sexuellen Attribute, er will nur das eine, so einer ist das also»).

Vorsicht generell beim Kommentar zum Hintern – das gilt für alle Zeiten, bei allen Frauen! Selbst wenn Sie persönlich dies spezielle Design des weiblichen Hecks für eine runde Sache halten, kann eine diesbezügliche Bewertung die Dame in schlimme Zweifel stürzen («Rund. Bedeutet das zu rund?»). Das Hinterteil ist nun mal hinten, wie der Name schon sagt, und damit ein Teil des weiblichen Körpers, den nur andere voll und ganz betrachten können, eine Frau selbst kann ihn nie wirklich beurteilen. Das birgt viele Unwägbarkeiten, verständlicherweise. Hinzu kommt, dass viele Mädels in der Pubertät, ob berechtigt oder nicht, für Ihren Hintern von dummen, pubertierenden Jungs gehänselt wurden. Haben Sie das damals auch getan? Dann dürfen gerade Sie sich jetzt nicht über diesen weiblichen Komplex beschweren! Die Unsicherheit sitzt tief, seien Sie also gnädig. Der einzig mögliche Kommentar zur Kehrseite, aber erst, wenn Sie ein Paar sind, ist hohes Lob, dass der Po knackig und erotisch sei. Alles andere behalten Sie bitte für sich.

Make-up- und Schmuck-Kommentare erwartet keine Frau von einem normal begabten (heterosexuellen) Mann – die meisten können nämlich nicht beurteilen, was hip ist. Sonst klingt das Kompliment wie Falschgeld («Wirklich, dieses flamboyante Korallenrot auf deinen Lippen, ist das nicht die neue Farbe von Chanel?»). Sehr charmant dagegen wirkt jederzeit eine Bewunderung ihrer Gesten (ihr Augenaufschlag, ihr Haare-hinter-die-Ohren-Schieben, ihr Lächeln, ihre graziöse Haltung). Das ist ein persönliches und schmeichelhaftes Kompliment, Treffer. Wenn Sie die Dame näher kennen (aber erst dann, vorher wär's ja gelogen, weil Sie das noch nicht wissen können), liebt sie es auf jeden Fall, für Intelligenz, Intuition, Witz oder Mitgefühl gelobt zu werden. Sie schmilzt Ihnen dann praktisch in die Arme. Auch hier gilt übrigens: Solche Komplimente wird jede Frau ein Leben lang mit Begeisterung hören – für den Fall, Sie möchten so lange verweilen.

Der erste Kuss

Es kann früh passieren, schon nach ein paar Stunden, aber das ist nicht immer gut. Lassen Sie lieber erst mehr Spannung durch zarte, halb zufällig wirkende Berührungen aufkommen, es blieb noch kein Paar wegen solch einer Verzögerungstaktik unvereint. Frauen lieben das Gefühl des schwelenden Verlangens, des Begehrtwerdens. Eher ging eine Romanze daneben, weil der erste Kuss unangemessen früh appliziert wurde – dann nämlich, wenn ihr nicht klar war, wie groß das Interesse der Gegenseite schon war, und sie sich buchstäblich übermannt fühlte.

Zeigen Sie Ihre Zuneigung also weit vor dem Kuss deutlich und nonverbal. Wer das Verlangen durch Blicke, Gesten und Andeutungen so weit auflädt, dass man das Knistern zwischen den Körpern förmlich hören kann, wird manchmal von einem außergewöhnlichen Akt der Zuneigung überrascht: Vielleicht setzt die Dame ja selbst zum ersten Kuss an, weil sie nicht mehr anders kann. Aber von vorn: Megaspannung und Gefühle erregt ein erster, zarter Kuss am Hals, etwa wenn Sie ihr etwas ins Ohr flüstern. Oder Sie legen ihr probeweise kurz den Arm um die Hüfte oder auf die Schulter, wenn Sie die Dame zur Bar geleiten.

Irgendwann ist es dann so weit, Sie nähern sich ihr, und automatisch biegt sie den Kopf in den Nacken. Das ist das Zeichen, Zugriff. Denken Sie daran, dass der erste Kuss viel sagt, und Sie trotzdem nicht alles damit aussprechen und beweisen müssen. Zartheit ist wiederum kein Fehler – sofern der Kuss nicht auf halbem Wege verhungert – zu heftig kann schon zu viel sein. Glauben Sie den Filmen nicht, in denen sich die Paare beim ersten Kuss fast auffressen. Das kann es geben, klar, die Regel ist das jedoch nicht. Das probieren Sie lieber einmal aus, wenn die Pläne mit dieser bewussten Dame nur eine Nacht weit reichen.

Achtung: In einer Umfrage der Dating-Agentur «Chemistry» mit über 2000 Singles in Großbritannien, waren über 80 Prozent der Befragten der Meinung, der erste Kuss würde etwas darüber aussagen, wie die Beziehung mit dem Küsser werden würde. Neun von zehn Befragten sagten, sie würden einem schlechten Küsser sofort den Laufpass geben. Die Urteile im Einzelnen: Schlabberig-feuchte-überall-Küsser gelten als unerfahren und übereifrig, aggressive Küsse als egoistisch (auch im Bett). Wer seine Zunge nur zögerlich oder gar nicht rausrückt, macht einen schüchternen und unerfahrenen Eindruck. Die Folgerung: Küssen Sie am Anfang nicht zu feucht, mit festen Lippen und fester, aber beweglicher Zunge. Der beste Tipp: Spiegeln, kopieren Sie die Bewegungen der Dame, dabei können Sie sicher sein, das zu tun, was sie mag. Jede Dritte findet übrigens laut Umfrage, dass ein Kuss erst beim zweiten Date angebracht ist.

Das erste Mal ausgehen, zu zweit allein

Erwarten Sie sich von einem ersten Abend nicht zu viel. Wenn es gut läuft, brauchen Sie keine Tipps – Sie werden sich den Mund fusselig reden, Muskelkater vom Dauerlächeln bekommen, und um halb zwei stellt sich der Kellner mit einer abgestandenen Küchenbesatzung zu Ihnen und bittet flehentlich um den Abbruch des Abends, weil er und die anderen Angestellten endlich nach Hause möchten. Da heißt es groß und zügig Trinkgeld geben und für Mutige «Zu dir oder mir»? Alle anderen gehen nochmal als Single nach Hause, wahrscheinlich zum letztem Mal.

In manchen Fällen kann es jedoch trotz größter Sympathie dazu kommen, dass beide beim ersten Date total verkrampfen, das ist ganz normal. Es wird nicht immer automatisch romantisch, wenn es das sein soll, das haben Sie sicher auch schon erlebt, dazu belauert man sich am Anfang zu sehr. Wenn Sie das akzeptieren, wird's schon besser, lockerer. Das komische Gefühl, die leichte Unsicherheit kann man sogar zum Gesprächsgegenstand machen und für sich nutzen, denn wenn die Süße auch so verknallt ist wie Sie, geht es ihr genauso. Sie sitzen im selben Boot.

Zum Ort: Es kann erst einmal leichter sein, etwas mit Programm zu unternehmen, dann sind Sie einander nicht ganz so hilflos ausgeliefert und haben auch gleich ein Gesprächsthema. Beispiele: Kino, Bühnenevents von Rock bis Oper, Lesungen, Ausstellungen, DJ-Sessions, tagsüber ein Ausflug mit dem Rad oder den Inlinern.

Einen Fehler sollte man unbedingt vermeiden – das Gefallenwollen um jeden Preis. Lachen Sie nur, wenn Sie wirklich lachen müssen. Versuchen Sie nicht, mit genau den Sätzen zu antworten, die die Dame wahrscheinlich hören will. Erstens, weil das auf Dauer sowieso nicht funktioniert. Zweitens, die Dame will Ihre Ansichten und Ideen hören. Drittens, weil vorgefertigte Weichspüler-Antworten Sie nicht weiterbringen. Die Frau will Sie kennen lernen, wie Sie sind, und da nutzt es nichts, Dinge zu behaupten, die nicht wahr sind («Nein, Fußball interessiert mich nicht», «Ich esse auch ungern Fleisch», «Horoskope? Das ist aber furchtbar interessant»). Wenn es nämlich weitergeht mit Ihnen beiden, müssen Sie Farbe bekennen, und Zurückrudern ist hochnotpeinlich. Wer weiß außerdem, vielleicht war die Aussage nur ein fieser Testballon, und die Hübsche liebt die Deutsche Fußball-Frauennationalmanschaft, findet Vegetarier unsexy und hasst Horoskope? Sagen Sie, was Sie denken, das muss gut genug sein. Wenn es das nicht ist, können Sie sowieso nicht glücklich mit ihr werden, denn dann mag die Lady Sie nicht, wie Sie wirklich sind. Stehen Sie authentisch zu Ihren Überzeugungen, aber seien Sie offen für andere Interessen und Meinungen, das ist der richtige Weg. Frauen brauchen Kanten, an denen sie sich reiben können, und unter uns: Es gibt genug Weicheier.

Fehler Nummer zwei wäre ein Soloauftritt, egal von welcher Seite. Achten Sie darauf, dass nicht nur einer von Ihnen im Mittelpunkt steht, die Redezeit sollte so ausgeglichen sein wie der Ballbesitz bei gleich starken Mannschaften. Spielen Sie also auch mal ab, nehmen Sie einen guten Pass an und machen einen Doppelpass daraus, das wirkt im Gespräch ebenso elegant wie auf dem Rasen. Ein netter Witz und Treffer, Tor, sie fallen sich in die Arme und dann jubelnd übereinander her.

Der erste Sex

Generell ist von Sex stante pede, jetzt und sofort abzuraten, wen Sie auf der Suche nach einer Frau für etwas Längeres sind. Geht eine Zwei-Stunden-Bekanntschaft gleich nach dem Kennenlernen mit (oder lässt Sie mitkommen), ist die Lady wahrscheinlich nicht auf Liebe, sondern auf Lust aus. Und das sind zwei paar Stiefel, von seltenen Ausnahmen und anderweitigen Entwicklungen natürlich abgesehen. Seien wir ehrlich: Es geht ihr dann (und Ihnen auch, geben Sie es zu) um den aktuell vorliegenden Körper, nicht um die ferne Seele. Nicht schlimm, aber intensiver Körperkontakt bedeutet eben noch lange nicht Beziehungsanbahnung, das muss man klar sehen.

Wenn eine Frau an mehr als dem Körper interessiert ist, wird sie den zugehörigen Mann meistens ein Weilchen hinhalten. Das klingt wie von vorgestern, macht aber immer noch Sinn – eine Frau macht sich damit rar, begehrenswerter, das sind nun mal die Gesetze der Marktwirtschaft, die wirken auch hier: Verknappung der Ware macht dieselbe wertvoller. Madame treibt ihren

Preis hoch und prüft parallel, ob sich ihr Investment am Standort neuer Mann (= Sie) lohnt. Eine normale Frau prüft zwei bis drei Wochen. Wartet Sie länger, können eigentlich nur vier Gründe die Verzögerung verursachen: a) die Lady sucht nur einen guten Freund, b) sie hat schon einen Freund c) sie hebt sich für die Ehe auf oder d) Sie sind schon aus dem Rennen. Fragen Sie nach Ablauf dieser Karenzzeit lieber nach, bevor Sie das Nachsehen haben.

Dann ist es soweit: Knutschen, kuscheln, zu Boden, zu Bett oder aufs Sofa gehen und an den Klamotten nesteln. Beide haben Erfahrung, also sollten die technischen Schwierigkeiten überwindbar sein. Doch leider geht es beim berühmten «ersten Mal» um mehr als um bloßen Sex, es geht um Liebe. Also will man auch gleich versuchen, alles richtig zu machen, gut vorgehen, gut aussehen, gut funktionieren. Leider stehen genau diese Ansprüche dem natürlichen Ablauf einer befriedigenden, intuitiven, instinktiven Kopulation diametral entgegen. Wollenmüssen macht unlocker, unerotisch, unfeucht und unerregbar, zumindest Frauen.

Leider können nämlich Mädels bei den ersten Sex-Sessions oft an wenig anderes denken, als gefallen zu wollen. Soll Ihnen recht sein, sagen Sie, ist doch Klasse? Ist es nicht, wenn Sie es recht bedenken: Sie dürfen sich zwar geehrt fühlen, dass die Dame alles tut, um zweihundertprozentig begehrenswert zu wirken, aber das geht zu Lasten der Genussfähigkeit. Die Sexualpartnerin kann dann das eigene Begehren nicht spüren, sie ist schließlich anderweitig beschäftigt – nämlich damit, perfekt zu wirken. Dieses Problem gibt sich mit der Zeit, mit größerer Lockerheit. Was können Sie in so einem Fall tun? Nehmen Sie der Schönen die Zweifel, indem Sie ihren Körper lobpreisen und verehren. Vielleicht (sorry, dass manche Frauen so verklemmt sind) lassen Sie einfach beim ersten Mal das Licht aus, das schaltet einige Grübelgründe auf Frauenseite aus (Warum starrt er mir so auf den Busen, gefällt ihm das nicht? Er guckt auf mein Höschen – was nicht in Ordnung? Was er wohl über mein Bäuchlein denkt?). Sie ahnen ja nicht, womit sich Frauen manchmal quälen, statt den Sex zu genießen.

Im Gegensatz dazu läuft bei Männern ein gegenläufiges biologisches Programm ab, sie werden oft megaaufgeregt und turboschnell. **Lösung 1:** Sie haben keine Probleme damit. Sie brauchen diesen Abschnitt nicht zu lesen. **Lösung 2:** Hand und Mund einsetzen und die Dame erst mal bis zum Höhepunkt verwöhnen. Das bringt unglaublich viele Punkte auf dem Liebhaberkonto, und Frauen können eh mehrmals. Beim nächsten Orgasmus sind

Sie mit von der Partie, dann geht es bei ihr auch flotter, und falls Sie immer noch schneller sind, hat die Liebste Verständnis, denn für ihre Befriedigung wurde gesorgt. Es ist übrigens besser zuzugeben, dass Sie schon ganz schön aufgeregt sind, als mit «Ups, das war's schon» ein frühes Finish hinzulegen. Frauen gehen lieber auf Ihre Bedürfnisse ein, als vollendete Tatsachen zu spüren. **Lösung 3:** Ganz langsam und intensiv vorgehen und erst spät zur Penetration kommen. Vorteil: Die Dame ist dann auch schon sehr, sehr erregt, wenn Sie sich um Sie gekümmert haben. Üben Sie vorher nochmals im Alleingang Verzögerungstechniken, dann können Sie die anwenden. Aber währenddessen nicht still über ihr geheimnisvoll hantieren – sagen Sie ihr, was Sie tun, sie legt vielleicht auch gerne Hand an. **Lösung 4:** Sie machen es einfach mehrmals, und es wird immer besser, länger, eine Nacht, von der Sie beide noch lange reden und träumen.

Wenn Sie eine Beziehung mit ihr beginnen wollen, verschwinden Sie nie noch in derselben Nacht, egal wie früh Sie am nächsten Morgen aufstehen müssen. Geben Sie ihr einen langen, vielsagenden Kuss zum Abschied. Sagen Sie, dass es toll war. Wenn es nicht toll war, aber Sie hoffen, das es toller wird, loben Sie trotzdem und geben ihr noch ein paar Chancen. Zeichnen sich jedoch schon früh massive Probleme beim Beischlaf ab, muss man leider sagen: In den meisten Fällen wird's nicht besser, nur krampfiger. Abbrechen!

Ach ja, noch ein Stichwort zur Verhütung (von Nachwuchs und Krankheit). Kondome sind ein Muss gegen alle unerwünschten Nachwirkungen des kurzen Vergnügens. Wenn Sie welche verwenden, ohne viel Aufhebens davon zu machen, wird jede Frau Sie für Ihr Verantwortungsbewusstsein lieben, ganz abgesehen davon, dass Sie Ihr eigenes Leben schützen. Wenn es ernst wird mit Ihnen beiden, machen Sie nach ein paar Monaten im Doppel einen Aids-Test (erst nach drei Monaten kann eine erworbene Infektion nachgewiesen werden) und können die Verhüterli nach einem erleichternden Ergebnis weglassen. Die Krankenkasse übernimmt die Kosten nur dann, wenn Krankheitszeichen auf eine Infektion hindeuten (es ist den Kassen wohl egal, wenn Ahnungslose weiter anstecken). Bei vielen Gesundheitsämtern kann man sich jedoch anonym und meist ohne oder gegen geringe Gebühr testen lassen, viele Infos gibt es auch auf *www.bzga.de* oder *www.aidshilfe.de*. Lassen Sie sich das Ergebnis gemeinsam sagen, andernfalls bleibt Ihnen nur das Vertrauen in die Aussagen der Dame und umgekehrt. Entscheiden Sie selbst, es ist Ihr Leben.

Das erste Mal sagen: «Ich liebe dich.»

Auch hier gilt: Verschießen Sie Ihr Pulver nicht zu früh. Schlüpft Ihnen dieser Satz schon in der ersten Nacht über die Lippen, wird die Geliebte Ihnen kein Wort glauben, den Schmeichelversuch aber unheimlich süß finden. Sie weiß, zu diesem Zeitpunkt kennt man einander noch nicht gut genug, als dass Liebe entstanden sein könnte. In den darauf folgenden Wochen (und den ersten zwei, drei Monaten) ist der Megasatz auch noch nicht angezeigt, und die wenigsten Männer haben überhaupt schon Lust, so weit zu gehen. Wenn Sie Gefühle für die Herzdame zeigen wollen, sagen Sie «Ich glaube, ich verliere gerade mein Herz» oder «Ich bin dabei, mich zu verlieben» oder später «Ich habe mich ernsthaft verliebt in dich». Das ist glaubwürdig und trifft die Sache besser als die magischen drei Worte.

«Ich liebe dich» ist ein schweres Geschütz, deshalb hört man den Satz ja eher selten von Männern, was im Prinzip in Ordnung geht. Er soll sich möglichst wenig abnutzen, also schont man ihn. Dennoch sollte man die wichtigen Worte nicht ungenutzt brachliegen lassen, das wäre schade und gefährlich, denn irgendwann will die Frau, dass der ihr zugetane Mann damit endlich herausrückt. So modern sie sich auch geben mag, sie wartet darauf. Das ist wie mit Heiratsanträgen: Keine gibt's zu, aber jede will in ihrem Leben einmal (mindestens) gefragt werden.

Sie erkennen den richtigen Zeitpunkt an folgender Entwicklung: Wenn Sie sich bei dem Gedanken ertappen, dass Sie auf jeden Fall mit ihr zusammenbleiben wollen und Sie kein Ende des Zusammenseins absehen können, weil alles so schön ist, sind Sie eigentlich reif dafür. Regel Nummer eins: Passen Sie dann einen romantischen Moment ab (bzw. es steht natürlich in Ihrer Macht, den zu inszenieren, Strand, Parkbank, Sonnenuntergang, Gipfelwanderung, schönes Abendessen, im Bett). Regel Nummer zwei: Nuscheln Sie den magischen Satz nicht verlegen daher, seien Sie stolz auf die außergewöhnliche Aussage. Regel drei: Benutzen Sie genau die drei wertvollen, naturreinen Wörter «Ich», «liebe» und» dich» und sonst nichts. Alles andere zählt nicht (insbesondere nicht «Ich mag dich», das klingt wie ein Trostpreis, Vorsicht auch, wenn eine Frau Ihnen damit kommt!).

Es wird mehr daraus: Die Paar-Fragen

Das meiste, was gerade besprochen wurde, haben Sie nach ein paar Wochen hinter sich. Sie fühlen es: So langsam mischt sich unter die aufregende Neuheit der Zweisamkeit ein bisschen Routine, und manchmal rutscht einem von beiden ein «wir» heraus, ups! Zahnbürsten liegen in beiden Wohnungen, auch Unterhosen werden deponiert, und das Zusammensein fühlt sich einfach gut an. Jetzt kommen weitere Dinge auf Sie zu, die zur Besprechung anstehen, nämlich: Wird man «offiziell» ein Paar, und wenn, dann wie? Wie befriedigt man die unterschiedlichen Bedürfnisse beim Telefonieren, wie führt man die Partnerin gut in den Freundeskreis und die Familie ein, wie geht man als Paar stressfrei auf eine Party, wie findet man angemessene Geschenke für alle Stadien der Beziehung, und wann diskutiert man wie übers Zusammenziehen? Ring frei!

Ein echtes Paar werden

Der deutliche Formgebungswille der Frau zeigt sich hier (und beim verwandten Thema Hochzeit) am eindrucksvollsten: Keine Frau nimmt es auf die Dauer hin, dass man ganz ohne klares Etikett Geschlechtsverkehr ausübt, beieinander übernachtet und miteinander ausgeht. Was soll sie denn ihren Freundinnen sagen? Männer dagegen finden den unbesprochenen Zustand perfekt, sie leben im ständigen Glauben, dass sich das alles schon von selber ergibt (und … eigentlich lieber nicht). Leider funktioniert das nicht lange, schon gar nicht in den Augen der Frauen.

Die Sache muss also für die meisten von ihnen einmal abschließend geklärt und dann in eine Form gegossen werden, wobei nur die Paar-Form echt befriedigt. Der Grund: Die Frau will wissen, wie weit sie emotional gehen kann (meist steckt sie gefühlsmäßig eh schon tief drin, aber das muss dann endlich legitimiert werden) oder ob Sie auf sich Acht geben muss, weil es sich doch um eine Affäre handelt. Sie will eben wissen, wann sie offiziell «wir» sagen (und fühlen) darf, das ist reiner Selbstschutz. Die Dame will der Angst begegnen, dass Sie jeden Moment wieder alleine dasteht, weil Sie abtrollen in den Wald, zu den anderen Jungs. Kann man verstehen, oder? Die Männersorge, dass man nun auf ewig festgenagelt sei, sollten Sie vergessen: Ewig ist nichts im Leben, das wissen sogar die Frauen. Es geht darum, ob Sie es probieren *wollen*. Und genau das sollten Sie auch ausdrücken.

Miteinander telefonieren

Am Anfang kann man so oft telefonieren, wie man möchte, aber nach ein paar Monaten ist's dann gut: Sie selbst sollten nie mit Anrufen nerven, das wirkt, als wenn Sie die Partnerin kontrollieren wollten. Außerdem wirkt es kindisch, wenn man mehr als drei Mal pro Tag bei Schatzi anruft, so sieht das Ihre Umwelt ganz zu Recht. Bevor Sie sich jetzt ungerecht behandelt fühlen, muss man sagen: Es sind generell eher die Frauen, die nicht genug kriegen von Telefonaten und fast schon wieder beim Geliebten anklingeln, wenn er gerade aus der Tür ist, um zu fragen: «Wie geht es dir gerade, Schatz?» Ruhig Blut. Kurz-angebunden-Sein an der langen Telefonleine bringt nicht das gewünschte Ergebnis (hoffentlich legt sie bald auf), sondern provoziert nur mehr ihre Fragelust, das sollten Sie als kluger Kerl inzwischen gemerkt haben. Die Dame ruft dann eher noch öfter an, fragt noch intensiver nach oder wird noch stinkiger.

Sicher klingt es jetzt banal zu sagen: Reden Sie darüber und erklären Sie, wann und wie oft Sie Anrufe okay finden. Aber die Erfahrung sagt, dass Männer meist denken, die Liebste kriegt schon irgendwie von selber mit, dass dies oder das nicht okay ist, wenn man sie auflaufen lässt. Das tut sie nicht, da haben Sie die sensitiven Seelen überschätzt – die Süße ist jedes Mal neu beleidigt. Sie müssen ihr schon genauer erläutern, wie Sie's gerne hätten (wie im Bett, beim Mündlichen, wissen Sie …). Die Frau an sich ist wie der Mann an sich: denkt nur an die eigenen Bedürfnisse und findet es anstrengend, die zurückzustellen. Deshalb kommen Sie mit der Erklär- und Verständnisschiene schneller zum Ziel.

Sie ruft zu oft im Büro an

Gute Begründungen dagegen:

- «Schatz, ich sitze im Großraumbüro, und alle kriegen es mit. Ich will nicht, dass jeder mein Liebesgeflüster mithört.»
- «Es kann jederzeit vorkommen, dass mein Boss unangemeldet in mein Büro schneit.»
- «Ich habe einfach zu viel um die Ohren, Liebling, und kann nicht so für dich da sei, wie ich möchte.»
- «Wenn wir kurz etwas verabreden, ist's okay, aber mehr geht leider nicht, du kennst ja meine Chefin ...»

Gute Maßnahmen dagegen:
(dann ruft sie weniger oft an)

- Kommen Sie ihr mit einer kurzen Liebes-E-Mail zuvor
- Rufen Sie ab und zu in der Mittagspause an. Nehmen sich dafür zehn Minuten Zeit.
- Telefonieren Sie so selten wie möglich nur nebenher mit ihr. Das merkt sie sofort und nimmt es übel. Keiner will eine Nebensache sein, das kennen Sie selbst, wenn man plötzlich eine Tastatur klappern hört und der Gesprächspartner zeitverzögert antwortet. Das nervt.
- Es gibt sinnvolle Grenzen, die man setzen sollte. Verabreden Sie Anrufregeln, die beide einhalten sollen.

Mit den Freunden Freund werden

Jetzt kommt Ihre liebe Clique dran, Ihr Freundeskreis, dazu der beste Freund oder die beste Freundin. Wann und wie soll man seine neue Flamme dort einführen? Dies ist der Kreis von Menschen, die Ihnen prinzipiell wohlgesinnt sind und die Sie schon ewig kennen. Aber dies ist auch der Kreis von Menschen, der die lange Serie Ihrer Ex-Freundinnen kennt, und jeder von ihnen hat eine eigene Meinung, wer zu Ihnen (sowie dem Freundeskreis selbst) passt. Meiden Sie deshalb einen zu frühen Tussi-Check, nach dem Ihnen alle ungefragt halbgare Kommentare um die Ohren hauen oder losgelästert wird, das soll es leider auch geben.

Sie ahnen es: Am Anfang ist Gefahr im Verzug. Das erste Treffen kann für Ihre Neuerwerbung zum Spießroutenlaufen ausarten. Alle vergleichen die Neue natürlich mit den Vorgängerinnen, das weiß sie ganz genau. Deshalb ist sie auch aufgeregt und braucht dringend Ihre Unterstützung (umarmen, da sein, bei ihr bleiben, ihr Recht geben). Alles, was sie sagt und tut, wird auf die Goldwaage gelegt. Ihre engsten Freunde sind vielleicht zusätzlich ein wenig eifersüchtig, weil Ihr Lieblingskumpel (Sie, Mann!) gerade nur noch von dieser Frau erzählt und kaum mehr Zeit für Freunde hat. Diese Verfahrenstipps für eine erfolgversprechende Bekanntmachung der Dame haben sich bewährt:

- Warten Sie mit der Einführung in den Freundeskreis, bis sie wirklich ein Paar sind. Dann wissen Sie mehr über die Liebste und können schwierige Situationen besser meistern.
- Wenn Sie die Dame zum ersten Mal vorzeigen, dann nicht bei einer riesengroßen Fete, bei der sich alle kennen, Ihre Freundin aber niemanden kennt. Sie muss dann tausend Mal am Abend erklären, wer sie ist, ständig auf neue Leute zugehen, oberflächlichen Smalltalk halten, kann aber bei keinem einzigen Gesprächspartner entspannen und deshalb das Fest nicht genießen (es sei denn, sie beide lümmeln den ganzen Abend knutschend in der Sofaecke). Sie selbst ersparen sich eine Klette, denn die Neuerwerbung bleibt stets bei Fuß, weil sie niemanden kennt. Verständlich, oder?
- Am schonendsten für alle Beteiligten ist eine Einführung der konzentrischen Kreise. Erst treffen Sie separat jeweils die wichtigsten Freunde, dann weiten Sie den Kreis nach und nach von engsten zu engeren Freunden bis auf Bekannte aus. Danach kommt die große Fete gerade recht. Großes Hallo, man kennt sich schon.
- Wenn sich ein großer Auflauf zu Anfang gar nicht vermeiden lässt, weil etwa Ihr bester Freund heiratet, sollten Sie die Liebste allen vorstellen, ein wenig moderieren (vielleicht haben die Neue und Ihr Studienfreund gemeinsame Interessen?). Hat sie Anschluss, dürfen Sie sich auch mal selbständig machen. Verlangen Sie ruhig dasselbe, wenn es um die Freunde der Dame geht!

Party ohne Beziehungskater: So vermeiden Sie Zweitakt-Pannen

Zu zweit auf der Party, das kann Ärger geben – vor allem, wenn man nicht die ganze Zeit beieinander hängen will. Hier kommt je eine Strategie zur Stressvermeidung gegen die üblicherweise auftretenden Party-Pannen und typischen Unstimmigkeiten auf Festen.

Party-Panne: Ihr ist langweilig. Deshalb will sie viel zu früh nach Hause!
Strategie: Das geschieht, wenn Ihre Partnerin niemanden kennt und sich folglich nicht gut unterhält. Investieren Sie deshalb zu Beginn der Fete Zeit mit ihr: Stellen Sie ihr alle (für sie) interessanten Leute vor, führen Sie sie ein. Je mehr Gäste die Flamme kennt, desto eher können Sie ein Pläuschchen halten, ohne dass sie die ganze Zeit an Ihrem Arm hängt.

Party-Panne: Sie führen intensive Gespräche und vergessen die Zeit – und Ihre Süße. Da wird sie stinkig.
Strategie: Sie sollten darauf achten, von Zeit zu Zeit mal nach Ihrer Partnerin zu sehen. Sagen Sie hallo, legen kurz den Arm um die Hübsche, holen Sie ihr ein Getränk. Und retten Sie sie um Gottes Willen aus dem Gespräch mit diesem sterbenslangweiligen Computerexperten (Mit: «Schatz, ich muss dir was zeigen ...»).

Party-Panne: Sie tanzen (zu?) eng mit einer anderen.
Strategie: Vermeiden. Niemals eng oder mit Anfassen tanzen, das ist wie Fremdgehen. Wenn Sie mit einer anderen tanzen, sollten Sie hinterher kurz wieder bei Ihrer Partnerin einchecken (per Küsschen und Umarmung). Das eindeutige nonverbale Statement klärt die Besitzverhältnisse nach außen, das ist für Frauen wichtig (und für die anderen Männer auf der Party auch, denn wer weiß, wer da gerne zum Zug kommen möchte ...).

Party-Panne: Sie ist eifersüchtig. Überall auf dieser Party lauern schöne Frauen wie die Hyänen (so kommt es ihr vor).
Strategie: Lästern Sie verschwörerisch über die anwesenden Girls. Sagen Sie beiläufig, was Ihnen an der jeweiligen Dame nicht gefällt ... aber sonst sei sie ganz in Ordnung, na ja ... Das beruhigt.

Party-Panne: Die alte Diskussion «Wer fährt?»
Strategie: Vorher ausdiskutieren und unbedingt abwechseln. Überhaupt am schlauesten ist, sich im Vorhinein aufs Taxifahren zu einigen, denn wer nüchtern bleibt, endet meist als unfreiwillige Spaßbremse.

Party-Panne: Einer will heim, der andere nicht.
Strategie: Die Königsdisziplin. Machen Sie Kompromisse mit genauer Uhrzeit (nicht: «Noch ein bisschen», und dann werden Stunden daraus). Klären Sie generell vorab (nicht jetzt auf der Party), ob Sie nicht auch mal getrennt nach Hause können, wenn öfter eine große Diskrepanz bei den Heimkehrvorstellungen auftritt.

Die besten Geschenke

Vom ersten Abend bis ins erste Jahr:

Was schenkt man **bei den ersten Treffen** – wenn man das denn möchte? Die Antwort lautet: Eine einzelne Rose und sein Herz, das ist romantisch und muss reichen. Kaufen Sie ganz zu Anfang der vielsagenden Liaison keine vielversprechenden Luxuspräsente (Schmuck, Parfüm, spontan ein teures Kleid), sonst fühlt Sie sich gekauft. Warten Sie damit lieber, bis Sie a) sicher sind, dass sich das Investment lohnt, und b) halten Sie sich so Steigerungsmöglichkeiten offen. Sonst erwartet Sie nach ein paar Monaten ein rosa Cabrio, das Diamantcollier oder die Vier-Sterne-Reise. Schenken Sie Ihr am Anfang einfach nur Ihre totale Aufmerksamkeit.

Was verehrt man einer neuen Liebe **nach ein paar Wochen**? Am ehesten ein kleines Geschenk, das sich auf ihre Hobbys bezieht. Falls Sie Geburtstag hat, schenken Sie etwas Größeres, das Sie noch näher zusammenbringt, ein gemeinsames Ereignis: Eine Sonntags-Ausfahrt aufs Land, Konzerttickets, eine Einladung zum Dinner. Bei einem persönlichen Abendessen bei Ihnen zu Hause sollten Sie auf jeden Fall selbst kochen. Immer empfehlenswert ist ein kleiner Blumenstrauß. Bitte NIE einen fertigen kaufen, die sind zu 90 Prozent unschön und wirken lieblos (Frauen interpretieren: Ich bin ihm die Mühe, Zeit und Geld nicht wert. Lassen Sie lieber was Frisches binden, immer mit ein paar roten oder rosa Rosen drin. Je länger und lieber Sie zusammen sind, und je wichtiger der Anlass, desto größer sollte übrigens der Rosenanteil im Strauß sein!

Nach einigen Monaten wird es schon schwerer mit Geschenken, denn nun wird erwartet, dass Sie vielleicht ein wenig Geld, jedoch auf alle Fälle viele Gedanken investieren. Beste Idee: Sie kennen die Dame noch nicht so gut, deshalb sollten Sie etwas schenken, von dem Sie glauben, dass Sie es kennen sollte. Beispiel: **Ihr Lieblingsbuch, Ihre Lieblings-CD**. Luxusartikel (Parfüm, Creme, Schal) müssen zum Stil der Frau passen oder zumindest von der richtigen Marke sein (unverbindlich in ihrer Wohnung umschauen). **Bücher** am besten von Lieblingsautoren oder zumindest in Lieblingsgenres. **Schmuck** ist schwierig und kommt dann gut an, wenn Sie vorher checken, was die Auserwählte gerne mag. Bleiben Sie bei den Metallen und Steinen (Gold, Silber, Platin, Steinfarbe), die Madame vorrangig trägt, variieren Sie nur Form und Ausführung, dann können Sie sichergehen, dass Ihr Geschenk gefällt. Armbänder, Ohrringe oder Ketten sind erste Wahl, ein Ring dagegen sagt eventuell mehr, als Sie wirklich ausdrücken wollten. Mancher hat sich schon verlobt, ohne es zu wollen («Schatz, ein Ring? Ja, ich will auch!»).

Dessous haben übrigens eine Sperrfrist von neun Monaten, es sei denn, Sie bleibt beim Schaufenstergucken mit Ihnen ständig von einschlägigen Geschäften stehen und zeigt Ihnen mit erwartungsvollem Blick das eine oder andere Teil. Größe im BH und im Schlüpfer nachsehen, man kann nicht von anderen Kleidungsstücken darauf schließen. Der Ausweg: **Gutscheine fürs Wäschegeschäft** sind optimal, weil das Zeug nicht immer auf Anhieb passt. Sie sollten aber darauf bestehen, beim Aussuchen mit dabei sein zu dürfen, denn wann sonst können Sie Ihre Freundin wieder innerhalb von 15 Minuten in 20 verschiedenen sexy Outfits bewundern? Ach ja: **Sonstige 08/15-Gutscheine** finden meist wenig Anklang, denn sie wirken gedankenlos. Besser, Sie schreiben, malen oder dichten einen persönlichen Gutschein und denken sich etwas Hübsches für die Liebste aus (Abendgestaltung, Sonntagsausflug, gemeinsames, zielgerichtetes Shopping, bei dem Sie sich mit Ihnen etwas aussuchen soll).

Auf die Dauer übrigens ist Ihre Freundin selbst der beste Ratgeber in Sachen «Was schenken?». Ganz einfach nämlich das, von dem Sie sagt, dass sie es gerne hätte. Das sprechen Frauen beim Bummeln schätzungsweise alle vier Minuten aus – den Begleitern bleibt die schwierige Aufgabe herauszufinden, welcher der 53 Artikel, die sie beim Bummel am Samstag mit «hätte ich gerne» bestaunt hat, am weitesten oben auf der weiblichen Wunschliste rangiert. Weitere Geschenke oder Ideen finden Sie im letzten Kapitel bei den «Pflegetipps für die Liebe». Sie können aber auch eine Idee aus Anfangszeiten wieder aufnehmen: Schenken Sie ihr schlicht einen Tag Zeit und Aufmerksamkeit. Ein Schatzi-Tag oder -Wochenende ganz nach den Vorstellungen Ihrer Liebsten, und Sie lesen Ihr die Wünsche von den Augen ab. Das ist ein wirklich kostbares Geschenk.

Familienfeste

Das erste Treffen mit den Schwiegers, Geschwistern und der weiteren lieben Verwandtschaft ist ein schwieriges Kapitel für die meisten Beziehungen. Warten Sie lieber eine ganze Weile damit, denn bei solchen fast schon offiziellen Terminen überfällt die Familien-Bande Sie beide mit Erwartungen wie eine Horde Indianer. Kein Wunder, dass sich die meisten Männer da fühlen wie am Marterpfahl. Beste Lösung: Lassen Sie Ihre Neue im ersten halben Jahr einfach zu Hause und führen Sie die Dame in Abwesenheit ein, sodass Ihre Sippe positive Spannung aufbaut. Das garantiert beim ersten Treffen eine freundliche Aufnahme, wenn alle schon Nettes über Nadja oder Laura gehört haben und sagen: «Schön, Sie endlich kennen zu lernen.» So muss das sein. Genauso andersherum: Gehen Sie erst mit, wenn Sie sicher sind, dass sich das Kennenlernen der Familie lohnt.

Zusammenziehen

In den ersten Monaten: Nur jede tausendste Partnerschaft führt auf direktem Weg in ein gemeinsames Heim und nie wieder heraus, weil das Glück dort für immer und ewig mit einzieht. Alle anderen Pärchen sollten erst mal Unabhängigkeit bewahren – jedem seine Burg, erst mal, dann kann man sich weiterhin hin und her erobern. Meist blocken Männer die typischen Anfälle allzu voreiliger Sehnsucht der Damenwelt nach örtlicher Vereinigung ab. Dazu haben Sie das Recht (und Recht damit). Mit dem Kompliment: «Mit dir könnte ich mir vorstellen, eines Tages zusammenzuziehen», entkommt man der Argumentationsfalle, in die einen die Damen locken («Du willst nicht, also liebst du mich nicht genug») fürs Erste. Außerdem freut sich die Partnerin über die Aussage, denn das lässt alles offen.

Nach ein paar Monaten: Da ist es auch recht früh für so einen

Schritt, das ist zu gefährlich, sie kennen sich noch nicht genug. Und wenn es in der gemeinsamen Wohnung nicht klappt, ist das Auseinanderziehen meist der Anfang vom Ende. Also heißt es weiterhin fest Nein zu sagen, aber einen positiven Ausblick zu geben.

Halbes Jahr: Ab dann werben die Mädels meist intensiv fürs gemeinsame Nest. Größter Fehler der Männer ist es dann, sich vor einer eindeutigen Aussage zu drücken. Je eher Sie eine klare Ansage machen, umso leichter wird Ihr Leben, denn dann kann Madame nicht mehr an dem Thema herumdiskutieren. Schaffen Sie klare Verhältnisse, wieder mit einem positiven Statement zur Person der Partnerin, dann geben Sie ihr keine Chance, beleidigt zu sein. Sagen Sie ihr: «Das kann ich mir jetzt noch nicht vorstellen, obwohl ich dich sehr liebe.»

Ein Jahr: Wenn Sie eh schon halbwegs beieinander wohnen, sollten Sie überlegen, ob es nicht einfacher (und schöner dazu) ist, zusammenzuziehen. Wenn Sie schwere Bedenken haben, lassen Sie es. Haben Sie auf Jahre hinaus ein Problem damit, sollten Sie Ihre Beziehung unter die Lupe nehmen – Liegt keine echte gemeinsame Zukunft darin? Wenn Sie dagegen zusammenkommen, sollten Sie eine gemeinsame Wohnung suchen oder zumindest Teile einer Wohnung gemeinsam neu einrichten, damit die Sache sich nicht für den Einziehenden wie ein unverbindlicher Unterschlupf anfühlt, sondern wie ein eigenes Zuhause. Etablieren Sie etwas Gemeinsames. So macht das den größten Spaß!

5. «Das finde ich

Besser streiten

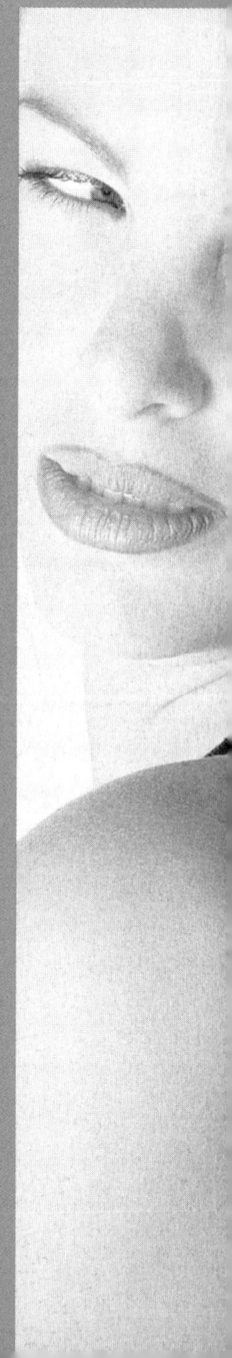

nicht »:

Kleine Warnung: Überblättern Sie dieses Kapitel nicht, weil es um ein unbequemes Thema geht – Lesen Sie es gerade deswegen, es hilft weiter! Gerade am Umgang mit der zweiten Meinung in der Partnerschaft entscheidet sich nämlich, ob eine Beziehung Zukunft hat, auch Ihre. Streiten will gelernt sein, in aller Liebe. Nicht umsonst sagt der Münchener Psychologe Dr. Joachim Engl in seinem Kommunikationsratgeber «Wie redest du mit mir?»: «Für den Verlauf einer Partnerschaft sind weniger die auftretenden Probleme entscheidend, als die Art und Weise, wie die Partner dabei miteinander umgehen.» Sprich: Es geht nicht einmal ums Thema selbst, sondern nur darum, wie man darüber diskutiert. Manche Verhaltensweisen beim Reden fördern das Liebesglück, andere stellen es infrage.

Auch Ihre Herkunft und Ihr Charakter (die so genannten Persönlichkeits- und so genannte sozioökonomischen Faktoren) haben einen vergleichsweise geringen Einfluss aufs Gelingen der Partnerschaft, sagt sogar die Wissenschaft. Was zählt, ist, wie gut Sie miteinander klarkommen und wie erfolgreich Sie aufkommende Probleme besprechen. Wie das leichter geht, was man meiden und was bevorzugt tun soll, steht hier. Eine glückliche Beziehung basiert auf Entwicklungsfähigkeit, Konfliktfähigkeit und Fähigkeit zu Versöhnung, fand Professor Michael Moeller von der Goethe-Universität in Frankfurt. Der Prozess, in dem sich alles abspielt, Entwicklung und Konfliktlösung, ist das Gespräch, weshalb man gut kommunizieren können sollte. Das zu lernen ist nicht so schwer, wie Sie vielleicht denken, man muss nur ein paar Regeln verinnerlichen.

Wenn Sie die Regeln für gute Kommunikation kennen, wissen Sie bedeutend mehr als viele andere Männer: Die meisten erwarten ja, dass sich alles von selber löst, wie in der ersten Phase der Verliebtheit. Aber darauf kann man lange warten, nach einer gewissen Zeit braucht man fürs Glück in der Liebe ein paar Fähigkeiten, die man fast nirgendwo lernt (außer hier natürlich). Dieses Kapitel ist übrigens auch für Ihre Partnerin interessant – die Regeln und Probleme des Streitens sind universal und gehen beide Geschlechter an, auch wenn es bei manchen Dingen eher männer- und frauentypische Verhaltensweisen gibt. Legen Sie ihr das Kapitel zum Lesen aufs Kopfkissen, mit bester Empfehlung. Aber erst, wenn Sie damit fertig sind.

Neun Gründe, warum man streiten lernen muss

Vorab noch neun gute Gründe, warum die meisten von uns das beziehungsschonende Ausdiskutieren nicht von Haus aus beherrschen und warum man ohne Meinungsverschiedenheit in der Liebe nicht durchkommt.

GRUND 1: **... weil es gut ist für die Beziehung**

Auf positive Weise zu streiten hält die Beziehung gesund und lebendig: Der Mathematikprofessor James Murray aus Oxford in England hat gemeinsam mit dem Partnerschaftsexperten John Gottman von der University of Washington in Seattle eine Formel entwickelt, mit der er aufgrund der Verhaltensweisen beim Streitgespräch die Trennungswahrscheinlichkeit eines Paares vorhersagen kann, und zwar mit einer Erfolgsquote von 94 Prozent. Die Formel errechneten die Forscher aus Daten von mehreren langjährigen Studien, bei der insgesamt 700 Paare untersucht und bei Auseinandersetzungen beobachtet wurden. Als besonders wichtig erwies sich die Fähigkeit, über heikle Themen wie Gefühle, Geld, Sex und familiäre Themen positiv sprechen zu können. Als Indikatoren zählte Gottman alle Gesten und Äußerungen im Gespräch, mit Pluspunkten wertete er Dinge wie Lächeln, Nicken und unterstützende Gesten, Minuspunkte bekamen negative Verhaltensweisen wie Augenrollen, Spott, den anderen abrupt unterbrechen und so weiter. Das bedeutet: Über Schwieriges freundlich oder fair reden zu können ist eine Fähigkeit, die man fürs Gelingen einer Partnerschaft braucht. Wer das raushat, wird glücklicher.

GRUND 2: **... weil es das immer gibt: unterschiedliche Bedürfnisse**

Warum muss man sich streiten? Ganz einfach, weil es immer wieder Grund genug dafür gibt. Die banale Ursache ist immer: Sie wollen nicht so, wie Ihr Schatz das will, oder Ihr Schatz will nicht, wie Sie wollen. Das ist alles. Warum das? Weil jeder eine andere Meinung hat oder andere Bedürfnisse. Glückssache, wenn zwei dasselbe wollen und das einen Tag vorhält, schwierig, das zwei Tage zu schaffen, und technisch unmöglich, dass dieser traumhafte Zustand länger anhält, das ist seltener als ein Sechser im Lotto. Vielleicht finden Sie das nicht überraschend, aber dann ist doch komisch, dass viele Menschen noch meinen, eine gute Partnerschaft müsste permanent harmonisch sein. Viele glauben sogar: Wenn man sich nur genug liebt, hat man nie Probleme. Wer das denkt, wird nie glücklich, denn er verkennt die Realität. Man sollte also (an)erkennen: Verliebte sind und bleiben zwei Menschen, sie sehen die Welt und das Leben anders. Zum Beispiel, wie man die Zahnpasta ausdrückt, Auto fährt oder was man essen sollte. Sogar wenn zwei dasselbe sagen, meinen sie es oft doch eine Nuance anders. Fragen Sie mal nach, bei Ihrer Liebsten.

Ganz extrem wird's, wenn man auf Vorstellungen stößt, die gar nicht kompatibel sind, aber auch das ist normal: «Jedes Paar hat unlösbare Differenzen», sagt Diane Sollee, Gründerin von smartmarriages.com, einer Website zum Thema Partnerschaft. Das zu akzeptieren ist wichtig, und man muss die Differenzen im Gespräch managen und sollte nicht gleich daraus schließen, dass man nicht zusammenpasst. Professor Gottman meint sogar: «69 Prozent aller Ehekonflikte bleiben ungelöst, weil es sich dabei um Persönlichkeitsunterschiede der Paare handelt. Die Frage ist nicht, ob sie Konflikte lösen, sondern ob sie sich damit arrangieren können.» Das Ziel ist erkennen zu lernen, wann man Kompromisse aushandeln muss und wann man auf einen Persönlichkeitszug des Partners gestoßen ist, den man nie ändern wird.

GRUND 3: **… weil jeder negative Gefühle hat und man auch als Partner damit umgehen muss**

Wir tun alle gern mal so, als wäre an einem Streit immer die Sache oder der andere schuld. Kann es nicht auch sein, dass wir einen schlechten Tag haben, Ärger anzetteln und uns aufführen wie kleine, rot angelaufene Teufel? Das sind Tage, an denen wir weder uns selbst noch unser ganzes Leben mögen, und die kommen vor. Hinterher kann man lachen, aber währenddessen? Helfen kann keiner. Wer schützt also unsere Partnerin, wenn wir so drauf sind? Wer schützt uns, wenn die Süße austickt? Niemand als wir selbst. Natürlich, indem wir wissen, was geboten und zu tun ist, wenn zicken angesagt ist. Solche negativen Gefühle müssen in der Beziehung möglich sein, denn es gibt sie nun mal. Man darf sie eingestehen, sich und dem Partner, sollte sie äußern können, nur dann entspannt sich die Lage. Auch deshalb muss man über negative Gefühle reden können, ohne dem anderen dabei furchtbar wehzutun.

GRUND 4: ... weil es kaum gute Vorbilder gibt

Darf man fragen, wo Sie gelernt haben, mit zwischenmenschlichen Problemen umzugehen? Der Witz an der Sache ist, man lernt das eigentlich nirgends. Wir gehen in die Fahrschule, das Sprachlabor, den Tenniskurs, die Computerschulung, das Rhetoriktraining, das Führungsstil-Seminar, eventuell lernen wir Konfliktstrategien sogar auf Fortbildungen für den Job. Wenn es jedoch um Kommunikation in der Liebe geht, haben wir so viel Ahnung wie Erstklässler von Quantenphysik.

Aus eigener Anschauung kennen wir nur die Liebesbeziehung unserer Eltern (plus unsere eigenen verflossenen Erlebnisse, dazu später), wir haben sie ja jahrzehntelang aus der ersten Reihe beobachtet. Entscheiden Sie, ob das ein gutes Vorbild war oder nicht – war der mütterväterliche Umgang mit Problemen eher stilbildend oder stümperhaft? Viele Menschen versuchen Konflikte im eigenen Liebesleben auf ähnliche Weise zu lösen – obwohl man nicht sicher sein kann, dass das ein wirklich guter Weg ist. Aber selbst wenn Sie es komplett anders machen wollen als Mama und Papa, ist das noch lange keine Garantie, dass Sie einen wirklich sinnvollen Lösungsweg gefunden haben.

Zahlen aus einer Untersuchung des amerikanischen «Center for Disease Control and Prevention» zeigen: Frauen, deren Eltern geschieden sind, haben eine höhere Wahrscheinlichkeit, selbst ebenfalls geschieden zu werden: 43 Prozent davon ließen sich innerhalb von zehn Jahren scheiden, während unter denen, deren Eltern ein Paar blieben, sich nur 29 Prozent trennten. Die Forscherin Catherine Cohan von der Pennsylvania State University kommentiert: «Glückliche Paare hatten oft in ihrer Familie gute Vorbilder, was die Konfliktlösung betrifft.»

Denselben Zusammenhang haben auch deutsche Forscher bestätigt. An der Uni Chemnitz ist man ebenfalls der Frage nachgegangen, ob in Deutschland die Scheidungswahrscheinlichkeit von den Eltern auf die Kinder übertragen wird (das nennt man «soziale Vererbung»). Auch hierzulande trennen sich Kinder geschiedener Eltern häufiger als Kinder nicht geschiedener Eltern, egal ob Mann oder Frau. Ehen, in denen ein Partner geschiedene Eltern hat, werden ungefähr anderthalbmal häufiger geschieden, wenn die Eltern beider Partner geschieden sind, ergab sich sogar eine zweieinhalbmal höhere Scheidungsrate. Hinzu kommt: Es lassen sich nicht alle Eltern scheiden – aber unzählige Elternpaare haben trotz langer Ehe nie gute Wege gefunden, miteinander umzugehen. Je nach Elternhaus kann das bedeuten, dass man mit seinem persönlichen sozialen Erbe noch verstärkt über seine partnerschaftliche Kommunikation nachdenken sollte.

Halten Sie sich deshalb an Experten, die wirklich wissen, wie das Streiten besser geht. Der positive Effektivität von Trainings, Büchern und Beratungen wird von Untersuchungen bestätigt. Wer seine Fähigkeiten entwickelt, wird eine glücklichere, längere Beziehung führen können als jemand, der sich bei dem Thema durchzumogeln versucht.

GRUND 5: ... weil es nie so rosig bleibt wie am Anfang

Es gibt noch einen guten Grund, Konflikte lösen zu lernen: Es gibt die «Anfang gut, alles gut»-Falle. Tappen Sie nicht hinein! Genießen Sie die erste verliebte Zeit, während der alles glatt geht und leicht ist und man sich stets über alles einig ist. Sie dürfen sicher sein, so wird es nie wieder. Das kann es gar nicht, denn am Anfang hakt man nicht nach bei Ungereimtheiten, findet alles ungefragt spitze, man denkt, man fühlt und lebt dasselbe. Dabei bemerkt man nicht, dass man vieles entschuldigt und positiv interpretiert. Aber irgendwann, nach einer Weile merkt man es. Vermeiden Sie also die Bruchlandung in die streitbare Realität, wenn aus der Liebessymbiose auf Wolken wieder zwei unabhängige Menschen mit zwei Meinungen und beiden Beinen auf der Erde werden. Agieren Sie vorausschauend und besorgen Sie sich einen Fallschirm fürs Landen im normalen Leben.

GRUND 6: ... weil man aus Schaden nicht unbedingt klug wird

Meist ist man nach einer gescheiterten Beziehung nicht schlauer als vorher. Der Beweis: Zweite Ehen scheitern häufiger als erste. Viele schieben den interpersonellen Misserfolg auf «die Falsche» oder «die Umstände». Aber es gilt die Fifty-Fifty-Regel: Jeder trägt die Hälfte der Schuld. Nur wenn man darüber nachdenkt und aktiv etwas ändert am eigenen Verhalten, wird man es in Zukunft besser machen, statt wieder passiv in eine ähnlich blöde Situation zu schlittern.

GRUND 7: ... weil sachliche Argumente nicht zählen

Beziehungsdiskussionen sind anders als die im Job oder unter Freunden, das haben Sie sicher auch schon zur Genüge miterlebt. Eine Meinungsverschiedenheit unter Liebenden ist nämlich meist nicht rational zu fassen, was Männern mehr zu schaffen macht als Frauen, denn Männer sind analytisch die bessere Hälfte dieser Spezies. Männer denken über ein Problem nach, finden Argumente, das beste überzeugt, und fertig ist die Lösung. Leider gelten in der Liebe andere Regeln, und damit muss man umgehen: Man kann ein persönliches Problem nicht mit logischen Argumenten lösen, da können Sie so lange mit Ihrer Partnerin diskutieren, wie sie wollen. Es funktioniert aber nicht auf der Sachebene, denn es geht um: Gefühle. Jetzt wissen Sie auch, warum Sie bei Ihrem Schatz nicht mit Ihren guten, logischen Argumenten weiterkommen.

Gefühle kann man nicht auf der Sachebene diskutieren, überlegen Sie mal, was alleine hinter einer Aussage wie «Du putzt nie» stecken kann: Eben nicht nur der reine Sachverhalt (ob's nun stimmt oder nicht) – in Wahrheit geht es wahrscheinlich nicht nur um Staub, sondern auch um Enttäuschung, Wut, Verletztheit, gekränkte Liebe, Erwartungen, das Gefühl, dass einer zu wenig tut, für den Haushalt und damit auch gleich noch für die Beziehung. Genau diesen Hintergrund sollte man erkennen, das ist viel wichtiger, als zu beweisen, dass man irgendwann doch geputzt hat. Meist liegen den Anschuldigungen und Argumenten unterschiedliche Bedürfnisse und Wünsche zugrunde, die man klären muss, bevor man sich um den Staub kümmert. Wenn man behutsamer reden lernt, findet man versteckte Vorwürfe viel leichter heraus.

GRUND 8: ... weil Beziehungsstress krank macht

«Du machst mich krank», das ist nicht nur ein Spruch. Er kann wahr werden, wenn man nicht aufpasst. Die Forscherin Janice Kiecolt-Glaser von der Ohio State University hat in einer Studie nachgewiesen, dass Beziehungsstress und negative körperliche Symptome zusammenhängen, vor allem bei heftigen

Auseinandersetzungen oder Diskussionen um heikle Themen. Paare, die auf Streit mit hohem Blutdruck und der Ausschüttung von vielen Stresshormonen im Blut reagierten (sich also richtig aufregten, statt ruhig miteinander zu reden), wurden zehn Jahre später mit höherer Wahrscheinlichkeit geschieden als Paare mit weniger starken körperlichen Symptomen.

Außerdem gibt es einen logischen Zusammenhang zwischen häufiger Stresshormon-Ausschüttung und körperlicher Gesundheit: Die ausgelöste Kortisonwelle im Blut hat normalerweise die Aufgabe, Kraftreserven freizusetzen, der höhere Pulsschlag, die tiefere Atmung und eine bessere Durchblutung der Muskulatur versetzt uns in den Stand, einer Extremsituation zu widerstehen (fliehen oder kämpfen). Der Körper aber verwendet in dem Moment all seine Kräfte an dieser Front und vernachlässigt notgedrungen die Schutz- und Abwehrmechanismen des Immunsystems, meinen Forscher. Hat man dauernd Ärger und Stress, schwächt das auf lange Sicht die Immunabwehr. Das macht streitlustige Paare auf Dauer gesundheitlich angreifbar. Machen Sie es besser.

GRUND 9: **… weil Verstehen Spaß macht und die Liebe intensiviert**

Gut miteinander reden können bringt schlicht und ergreifend: viel Spaß. Das ist die größte Belohnung für gute Kommunikation. Beide können sich viel leichter etwas erzählen, ohne in Bedrängnis zu geraten, viel besser einfühlen, neugierig werden, mehr über den Partner erfahren. Wenn zwei sich austauschen und plötzlich feststellen, dass die offene Kommunikation gut geht und Spaß macht, und sie sich weiter öffnen und mehr und mehr und mehr erzählen, nennen Psychologen das den «dyadischen Effekt». Den kennt jeder vom Anfang der Beziehung, wenn man immer noch etwas über den anderen erfahren will, bei durchredeten und durchliebten Abenden und Nächten, die so schnell vorbei sind wie ein Looping in der Achterbahn. Mit dem Austausch wächst das Wir-Gefühl und der Zusammenhalt. Genau diesen Effekt kann man mit guter Kommunikation weiter erfischen und erjagen. Und wieder euphorisch und verliebt leben.

Bessere Kommunikation: Ein Anti-Konflikt-Kurs

So geht's – und so nicht: Willkommen im Miniseminar contra Eskalation und pro Kommunikation. Zuerst finden Sie einen großen Abschnitt mit Verhaltensweisen, die man besser meiden sollte, weil sie gemeine Gesprächs- und Liebes-Terminatoren sind. Dann folgen Tipps und Tricks, die gesprächsfördernd wirken, echte Bringer im partnerschaftlichen Redewesen. Der renommierte Psychologe Howard Markman, der das Zentrum für Ehe- und Familienforschung an der Universität Denver leitet, macht Mut: «Diskutieren können ist eine Fähigkeit wie viele andere», also wie Tischtennis spielen, Schreibmaschine schreiben oder Vorträge halten. Man kann es lernen.

Auch hier sei eine (positive) Warnung vorausgeschickt: Dieser Kurs hat Nebenwirkungen. Wenn Sie nämlich manche dieser Regeln im Gespräch mit Freunden, in der Familie oder im Job anwenden, werden Sie auch da einfacher zum Ziel kommen. Egal ob Sie mit einem Freund über sein Verhältnis zu Leihgaben reden müssen, sich Muttis Ratschläge vom Leib halten wollen oder besser mit einer zickigen Kollegin klarkommen wollen.

Antikonflikt Teil eins: Was Sie nicht weiterbringt

Paare, die nicht gut miteinander klarkommen, zeigen ganz bestimmte Verhaltensweisen im Gespräch, so Forscher Guy Bodenmann von der Universität Fribourg in der Schweiz: «Unzufriedene Paare kennzeichnen sich durch einen stärkeren Austausch von negativen Kommunikationsinhalten», wie Abwertungen, sarkastische Bemerkungen, Zurückweisungen, defensive Bemerkungen. Dazu kommt Rückzugsverhalten «sowie eine höhere Wechselseitigkeit feindlich-dominanter Verhaltensweisen, die eher zu negativen Eskalationen führen.» Er nennt in seinen Publikationen (siehe Literaturverzeichnis) außerdem vier typische Kommunikationsfallen, die besonders gefährlich sind, nämlich: a) destruktive Kritik, b) verächtliche, den Partner abwertende Bemerkungen, c) defensive Kommunikationsmuster (sich verteidigen plus Gegenangriff) sowie d) Rückzug aus der Kommunikation. Schauen wir uns diese Verhaltensweisen genauer an:

Schweigen

Wenn Schatzi mit Ärger droht, flüchten viele Männer, um sich den Zorn der Furie vom Leib zu halten, sie absentieren sich, meist innerlich, im Extremfall sogar äußerlich. Sie geben keinen Mucks von sich. Sie gehen in ein anderes Zimmer. Oder sie gehen aus. Das ist ziemlich verständlich, zumal Männer persönliche Themen sowieso nicht so gern verhandeln wie Frauen. Die Mädels reden und quasseln nämlich über alles und jedes Gefühl, und die Krux an der Sache ist, das tun sie auch noch gerne. Das liegt Männern so fern wie Frauen das Herumschrauben an Autos oder Elektronik. Paarexperte John Gottman sagt: «In 85 Prozent der Ehen ist der Mann derjenige, der mauert.» Er führt das auf unser evolutionäres Erbe zurück, das Frauen zu Sozialexpertinnen und Männer zu Spezialisten fürs Jagen und Überleben gemacht hat. Männer reagieren auch körperlich anders auf Streit in der Beziehung, in Laboruntersuchungen brauchten sie länger, sich physiologisch von einem emotionalen Streit zu erholen, was Herzfrequenz und Blutdruck betraf. Kein Wunder, dass auch Sie weniger Lust auf so was haben.

Allerdings bekommen Männer recht schnell zu spüren, dass der Rückzug eine Sackgasse ist, denn es gibt eine logische Folge der Stille des Mannes angesichts einer wütenden Frau: die Schweig-Stichel-Reaktion. Danach gilt: Je hartnäckiger ein Mann angesichts eines Vorwurfs oder einer Frage seiner Partnerin zumacht, desto mehr stichelt sie anschließend, um ihn zu öffnen. Das kommt Ihnen sicher bekannt vor: Die Strategie «Ruhe durch Rückzug» funktioniert nicht, weil Frauchen unruhig wird, noch mehr nachfragt. Ganz klar, Frauen können mit dem männlichen Schweigen nicht umgehen, das ist ihr Problem. Howard Markman erklärt, warum: «Frauen verstehen Schweigen meist falsch: Sie fühlen sich als Person abgelehnt oder glauben, dass man seine Gefühle nicht ausdrücken will oder sogar kann. Deshalb werden sie wütend oder fühlen sich verletzt – genau das, was ein Mann mit seinem Schweigen eigentlich verhindern will.»

Allerdings ist die Dame mit den vielen Worten mit dem Problem nicht alleine, der Mann ohne Worte hat auch eins: Die Schweige-Strategie, ob bewusst oder unbewusst gewählt, geht nicht auf, denn die Partnerin kann angesichts einer Nicht-Aussage nicht mal erkennen, was das Problem ist. Deshalb fragt sie ja nach. Ihr Partner hat nicht einmal gesagt, dass er seine Ruhe haben will.

Insgesamt also kann man folgern: Nicht reden bringt nichts, weil man

sich dann a) voneinander entfernt, denn der eine weiß nicht mehr, was im anderen vorgeht (und Sie glauben nicht, wie blöd sich das anfühlt und wie wenig Ihr Gegenüber wirklich kapiert, was in Ihnen vorgeht, auch wenn's Ihnen sonnenklar erscheint). Und weil sich b) die Probleme dabei nicht auflösen, sondern auftürmen, zu gewaltigen Bergen. Dann wird das Gespräch immer schwieriger, einen Anfang zu finden, es zu bewältigen. Türmen Sie keinen Schuttberg aus Ungesagtem auf, entsorgen Sie den Seelenmüll lieber regelmäßig. Das ist nicht schwer: Formulieren Sie, was Sie sich wünschen, darauf wird Ihre Partnerin eher eingehen als auf alles andere. Sie können auch gleich damit beginnen, indem Sie ihr im geeigneten Moment sagen, dass Sie jetzt nicht diskutieren wollen.

Tipp: Auszeit nehmen – Nichtreden als Option

**Wenn Sie nicht reden wollen, schweigen Sie.
Aber das sollten Sie vorher aussprechen.**

Auch wenn Schweigen auf lange Sicht nichts bringt, soll hier keinesfalls ständiges Reden als dufte dargestellt werden. Manchmal geht es nicht, manchmal will man, kann man nicht reden. Man sollte sich jedoch für diese Situation vornehmen, dem Partner dieses Signal auch bewusst zu geben.

Vorschlag: Vereinbaren Sie einen für beide gangbaren Ausweg, wenn einer zur Aussprache fordert, der andere aber gerade nicht darauf eingehen kann. Der Angesprochene muss sagen können: «Jetzt geht es nicht, ich kann nicht reden.» Das muss okay sein. Dann aber gilt die Regel: Der Stille muss dafür sorgen, dass er innerhalb von 24 Stunden auf das Thema zurückkommt.

Unterordnen

Um des lieben Friedens willen hält man in einer Beziehung öfter still, als gut ist. Meist haben wir als Kinder gelernt, dass unsere Wünsche nicht immer gut kommen, denn unsere Eltern entzogen uns einfach die Zuneigung, wenn sie sich von unseren Bedürfnissen überfordert fühlten. Die meisten Menschen unterdrücken nämlich auch in der Familie Diskussionen über unterschiedliche Wünsche, weil Auseinandersetzungen nicht erwünscht und Harmonie alles ist. Wir übernehmen dieses Strickmuster oft und wenden es in der eigenen Beziehung an, indem wir Wünsche, Wut, Ängste und Trauer erst gar nicht zulassen, damit es ja keine Dissonanzen gibt.

Manchmal nutzen wir stattdessen Schleichwege, um zu äußern, was wir wollen: Viele nennen die eigenen Wünsche nur indirekt. Das passiert zum Beispiel wenn Ihre Partnerin sagt: «Was für ein schönes Café.» Ja, das finden Sie auch. Aber woher sollen Sie wissen, dass das eigentlich bedeutet: «Ich möchte jetzt in dieses schöne Café.» Oder «Petra und Jens waren im Musical, und es hat Ihnen sehr gefallen» statt «Ich möchte es auch sehen, mit dir». Sie fühlt sich dann, als habe sie sich untergeordnet, aber der Wunsch-Stachel sitzt, sie ist trotzdem unzufrieden, denn Sie haben ihre Aussage einfach nicht verstanden. Besser: Sie konnten Sie gar nicht verstehen. Trotzdem gibt es irgendwann deswegen Ärger. Das kennt man, oder?

Männer dagegen schlucken unangenehme Gefühle eher 'runter, statt sie zu äußern, und machen verständnisvoll, was Schatzi will. Was denkt folglich die Partnerin? Einmal ärgert sie sich, weil Sie Karpfen spielen, und zusätzlich denkt sie – nichts! Die Frau Ihres Vertrauens kann nämlich gar nicht wissen, was Sie fühlen, was Ihnen stinkt, was Sie innerlich zum Kochen bringt, sie kann nicht schätzen, wie heldenhaft es ist, dass Sie nicht explodieren, die Liebste weiß es schlichtweg nicht. Je mehr negative Gefühle Sie zurückhalten, umso weniger kann Ihr Gegenüber verstehen, was in Ihnen vorgeht. Und darüber hinaus wird die Partnerin das Verhalten, das Sie ärgert, mit Sicherheit immer wieder an den Tag legen, denn sie weiß ja nicht, dass Sie das stört. Also wird's immer noch schlimmer, und Sie müssen sich weiter ärgern. Selbst schuld. Wenn Sie irgendwann explodieren, um dem angestauten Gefühl Luft zu machen, versteht sie gar nichts mehr.

Deshalb macht Rückzug und Schweigen Verständnis unmöglich, Entfremdung dagegen sicher. Diese Missverständnisspirale sollte man gar nicht erst ins Laufen bringen und endlich sagen, was los ist. Kehren Sie persönlichen Ärger nicht unter den Teppich, wo der Wuthaufen mit der Zeit zu einer Stolperfalle für die Beziehung wird.

Vorwürfe

Wenn es ein Problem gibt, sollten Sie es beim Namen nennen. So etwas aber auszusprechen, markiert meist den Anfang eines Streits, denn man hat dem Partner ja etwas Negatives zu sagen. Also ist die Kunst an der Sache, Probleme an den Mann oder vielmehr die Frau zu bringen, ohne tief zu treffen, ohne fiesen Vorwurf.

Ein Beispiel: Was glauben Sie passiert, wenn jemand sagt: «So ein Saustall, wie immer. Bist du dir eigentlich zu fein dazu, aufzuräumen oder einfach nur faul? Glaubst du, ich schaue mir das noch lange an?» Der Vorwerfer hat es in drei Sätzen geschafft, die ganze Person des Partners («zu fein») und die Beziehung («schaue mir das noch lange an») gleich noch dazu infrage zu stellen. Statt ein lokales Fehlverhalten zu verurteilen, prangert er das globale Verhalten («wie immer») an, und schreibt dem anderen auch gleich eine negative Eigenschaft («faul») zu. Was hat er damit erreicht? Er hat so viel Wut provoziert, dass nur noch ein Gegenangriff infrage kommt: Der Schlamper wird selbstverständlich nicht auf den konkreten Anlass antworten, denn er muss sich ja für alle Zeiten und seine ganze schlechte Person verantworten und dazu noch beweisen, dass er doch liebenswert ist.

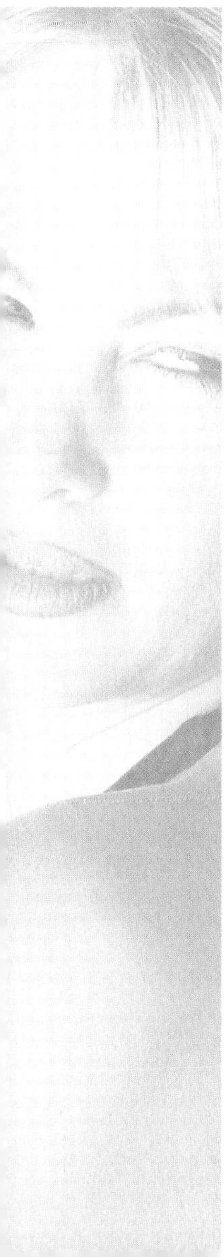

Das ist also ein bisschen viel für einen Streit, aber so läuft es meistens, wenn ein Angriff von Vorwürfen gespickt ist. Der Angegriffene gerät dabei automatisch in eine Vereidigungshaltung, aus der er sich blindlings zu wehren versucht, indem er hart zurückschlägt. Tja, dabei wollte der Genervte der Sache nur ein wenig Nachdruck verleihen und hat selbst die Entgleisung provoziert. Nach so einem Gesprächsanfang steckt das Gespräch sofort im Streitmorast fest. Ab dann geht es gar nicht mehr um die Lösung des Problems «mir zu unaufgeräumt», sondern um Vorwürfe und Gegenvorwürfe. Das erstickt eine konstruktive Problemlösung im Keim.

Meistens verdeckt ein Vorwurf nur, was man wirklich will. Zum Beispiel, dass man sich wohler fühlen würde, wenn es aufgeräumt wäre. Dass man enttäuscht ist. Besser wär's, genau das zu äußern: «Ich wünsche mir …» «Ich bin enttäuscht, weil …» Wenn es Kritik zu äußern gibt, sagen Sie es konkret und genau, ohne verletzenden Vorwurf. Setzen Sie zugleich ein positives Signal, sodass sich die Kritisierte dennoch angenommen und geliebt fühlt. Dann ist es schon halb so schlimm. Paar-Experte Bodenmann hat herausgefunden: Zufriedene Paare gehen «häufiger verbal negativ und nonverbal positiv auf ihren Partner ein». Zum Beispiel, indem sie eine Kritik mit einem verzeihenden Lächeln begleiten.

Verallgemeinern

Wer beim Argumentieren generalisiert, möchte damit seine Wut untermauern und zeigen, wie verletzt und sauer er ist und dass er ja schon immer fand, dass, und so weiter. Aber auf Sätze, in denen die Worte «immer», «nie», «dauernd», «jedes Mal», «schon wieder» in Verbindung mit einem Vergehen auftauchen, kann man nicht sinnvoll antworten, kein Mensch tut etwas immer oder nie. Als Antwort auf so einen Angriff folgt also zwingend als Retourkutsche «Nein, das stimmt nicht», statt der gewünschten zerknirschten Bitte um Absolution. «Verallgemeinerungen reizen zum sofortigen Widerspruch», schreibt auch der Psychologe Joachim Engl in seinem Buch. Niemand wird sich je nach «immer machst du» beim Partner entschuldigen, bedauern kann man nur eine konkrete Tat.

Ähnlich verhält es sich, wenn man gleich auch noch andere Beispiele für die Unzulänglichkeit des anderen aufzählt («und überhaupt»). Man eröffnet damit den Kampf an mehreren Fronten, was zynisch ist und nur zu Mehrfrontenschlachten führen kann. Wer eine Entschuldigung erreichen will oder geändertes Verhalten in Zukunft, muss das dem anderen auch möglich machen, indem er nur über den konkreten Streitpunkt spricht.

Zynismus

Zynisch ist, wer in Ironie und Übertreibung noch einen Schuss Verachtung mischt, und genau da haben wir den wunden Punkt: Verachtung, erst recht vom geliebten Partner, dem wichtigsten Menschen im Leben, tut weh. Schließlich signalisiert man damit, dass man den anderen nicht für gut genug hält, man stellt sich über ihn. Es gibt noch einen treffenderen Ausdruck dafür: Man erniedrigt den anderen. Stellen sich Ihnen auch schon die Nackenhaare auf? Stimmt, denn für Menschen, die einander lieben wollen, ist so was natürlich Gift, Arsen für die Beziehung.

Darüber hinaus sind boshafte Anmerkungen über den Partner ein typisches Merkmal einer unglücklichen Partnerschaft. Sie haben sicher auch schon Paare erlebt, bei denen keiner ein gutes Haar am anderen ließ, und das womöglich noch vor Publikum. Da fragt man sich als Zuschauer des Dramas letztlich nur, warum die beiden noch beisammen sind, wo Sie doch nichts mehr aneinander richtig finden. Also Vorsicht: Wenn Sie etwas kritisieren wollen, kritisieren Sie es ruhig, aber setzen Sie dabei nicht die ganze Person herab. Es ist das Verhalten des Partners, das nicht okay ist, nicht der ganze

Mensch. Es kommt viel besser an, wenn Sie ein Problem mit einem Scherz umbiegen, aber trotzdem dabei anmerken, was nicht stimmt. Experte John Gottman nennt das einen «Rettungsversuch» im Streitgespräch, der aber unbedingt auf etwas Positives abheben sollte.

Es ist übrigens auch zynisch, den anderen fürs eigene Wohlergehen verantwortlich zu machen, was meist Frauen tun. Aber auch Männer geben manches Mal Ihrer Partnerin die Schuld dafür Ihren persönlichen Ärger à la «immer muss ich mich aufregen» … Das Gute ist, Sie müssen gar nicht. Es ist nämlich Ihre Wahl, wie Sie mit Stress umgehen. Denken Sie also lieber vorher nach, für welche Reaktion (und was für eine Aussage) Sie sich entscheiden, es sind ja Ihre Nerven. Und wenn eine Frau Ihnen mit so einer Aussage kommt, machen Sie ihr klar: Es ist ebenso die Wahl Ihrer Partnerin, wie sie mit Problemen umgeht.

Fünf Don'ts bei Diskussionen

Man sollte bei negativen Äußerungen
- nicht die gesamte Beziehung infrage stellen
- nicht die Person kritisieren, sondern das Verhalten in einer Situation
- nicht noch andere «Vergehen» behandeln
- nicht übertreiben
- nicht zynisch werden

Antikonflikt Teil zwei: Was Sie weiterbringt

Jetzt gehen wir das Ganze mal von der positiven Seite an, mit den Aktionen im Gespräch, die zu guter Kommunikation verhelfen und Eskalationen verhindern. Bei zufriedenen Paaren gehören diese Verhaltensweisen zu den Glücksstiftern, sagt Guy Bodenmann, denn sie bringen «mehr positive Affekte (Empathie, Wärme, Aufmerksamkeit, Zärtlichkeit), mehr soziale Verstärkung (Zustimmung Übereinstimmung, …), mehr versöhnende und die Kommunikation erleichternde Handlungen (Themenwechsel, Humor, Akzeptanz, Paraphrasierungen)» sowie «ein stärkeres Engagement beim Problemlösungen.» Klingt gut, oder? So geht's:

Ich, ich und nochmals ich

Bleiben Sie immer schön bei sich, hier tut Egoismus der Beziehung ausnahmsweise richtig gut. Wenn Sie persönlich etwas wollen, dann sollten Sie auch dazu stehen und bei Problemen sagen, was Sie gerne hätten, sowie Ihre Beweggründe nennen. Ein Satz dagegen, der mit «Du» anfängt, endet meist mit einem Vorwurf. «Du machst» erscheint außerdem wie eine objektive Feststellung, bei der es nicht mehr um Ihre Ärger-Gefühle und Änderungswünsche geht, sondern um Wahrheit. Du bist im Unrecht, ich bin im Recht. Und schon fühlt sich der andere total auf den Schlips getreten.

Steigen Sie also direkt in der ersten Stufe der Eskalation aus und sprechen Sie stattdessen nur von dem, was Sie lieber wollen. Die Nummer eins sind Sie, dementsprechend beginnen Sie jeden Diskussionsbeitrag in der ersten Person Singular, und die lautet «Ich». Zum Beispiel: «Ich würde mir wünschen, es wäre aufgeräumt, ich würde mich dann wohler fühlen.» «Ich ärgere mich darüber.» Ein Satz, der Ihre Gefühlslage ausdrückt, bewirkt mehr als jeder Vorwurf.

Sich hinterfragen und das sagen

Dementsprechend ist es nötig, dem anderen die Beweggründe für den Wunsch genauer zu schildern. Zugegeben, da ist man eher auf der Gefühlsebene, die Argumente sind nicht sachlicher Natur. Letztlich kann man natürlich dann nicht mehr behaupten, dass es z. B. schlauer oder effektiver wäre, rechtzeitig aufzuräumen, oder dass es dann besser aussähe, falls spontan jemand vorbeikäme, aber diese pseudorationalen Argumente sind genau genommen nicht ehrlich. Man muss zugeben, dass man meist etwas moniert, das man eben anders haben möchte, weil man sich dann wohler fühlen würde. Aber genau solche subjektiven Argumente können ein Vorteil sein, sie sind nämlich nicht widerlegbar. Dem Partner bleibt nur übrig zu entscheiden, ob er auf Ihren Wunsch eingeht, oder nicht. Darauf kann jeder Gesprächspartner leichter reagieren als auf einen Vorwurf, da ist man automatisch verständnisvoller und nachgiebiger. Gleichzeitig bedeutet das Ganze noch lange keine anstrengende Gefühlsduselei – es geht darum, etwas zu klären, nämlich die Beweggründe Ihrer Reaktion. Auch Gefühle sind Fakten.

Nun gibt es nur noch eine Hürde: Man muss erst mal selbst verstehen, warum man sich ärgert. Meistens stößt man gerade da beim Nachdenken auf interessante Hinter-Gründe. Symbolisiert Unordentlichkeit etwas Negatives in Ihren Augen? Gilt es als Charakterschwäche? Brauchen Sie Ordnung, damit Sie klarer denken können? Nervt es Sie, dass Ihre Partnerin sich nicht auf Sie einlässt oder sich nicht für Sie anstrengt? Meist stecken hinter unterschiedlichen Auffassungen über Essen, Freizeitgestaltung, Sport, Sauberkeit, Pünktlichkeit, Freundschaft und so weiter ganze Wertesysteme, die uns prägen. Nur wer ihnen auf die Spur kommt, kann seinem Gegenüber deutlich machen, warum er so oder so reagiert. So kann die Partnerin verstehen und akzeptieren, was Sie sich wünschen oder anders haben wollen.

Monothema-Talk

Eigentlich klingt das ja auch logisch: Wenn man über etwas sprechen möchte, dann sollte man darüber sprechen. Und zwar exklusiv, nur über das eine Thema, nur über das eine Problem. Nur über die eine Situation. So kann man die nämlich klären, und nur die. Wenn man über alles Mögliche spricht, kommt man nicht weiter, denn alles Mögliche kann man nicht besprechen. Also gilt: ein Problem auf einmal, nicht mehr. Am sinnvollsten legen Sie also genau fest, für sich und vielleicht auch mit dem Partner, dass es in diesem Gespräch um diese eine Situation von gestern geht und warum das Verhalten Ihrer Liebsten Sie geärgert hat. Dann kann man festmachen, was das Problem ist.

Zuhören

Wir alle haben ein riesengroßes Problem: Alle haben ganz viel zu sagen und wollen unbedingt, dass man zuhört. Überall wird nur geredet, mitgeteilt, erklärt, in der Talkshow, in der Bürobesprechung oder im Wohnzimmer. Kehrseite der Medaille ist: Keiner will zuhören, denn das ist heutzutage uncool, viel zu passiv. In unserer Kultur gilt Sprechen viel, Zuhören gar nichts. Dabei geht das eine nicht ohne das andere, und es ist wichtig, gut zuzuhören – schließlich kann man dabei viel erfahren, über den Partner und auch über sich.

Im Job werden wir darauf trainiert, schnell Probleme zu erkennen und zu lösen, aber nicht darauf, still zuzuhören. Auch wenn Sie am Arbeitsplatz ein begnadeter Kommunikator sind – das sind nicht dieselben Fähigkeiten, die man in einer Beziehungsdiskussion braucht. Meistens macht man zum Beispiel den Fehler, dass man schon darüber nachdenkt, was man als nächstes sagen möchte, statt dem Gesprächspartner wirklich zu folgen, so wird die

Sprechzeit des Partners zur Redevorbereitung. Dann wartet man auf ein Sprungbrett, den Einsatz, die Atempause des anderen, und hakt ein. Leider verfolgt man dabei nur den eigenen Denkfaden und ist nicht offen für die Informationen des Partners, ja, man wertet dessen Aussagen auch noch ab – was da kommt, ist ja scheinbar nicht wichtig genug. Man ahnt ja eh, was der andere sagen will, ist ja immer das Gleiche und schneidet ihm direkt das Wort ab. Wenn man es genau betrachtet, ist das auch eine Abwertung der Person. Kommunikation ade. Wenn das passiert, möchte keiner mehr zuhören. Ist die Liebe ein Wortwettstreit? Eigentlich geht es doch um Austausch!

Man sollte sich deshalb selbst beobachten und versuchen, dem anderen bewusst zuzuhören. Unterbrechen Sie nur, wenn Sie etwas nicht verstehen oder mehr über Beweggründe und Gefühle erfahren möchten. Versuchen Sie aktiv zu verstehen, was der andere sagen will, denn so viel Zeit und Interesse muss sein. Das kann spannender werden, als man denkt, selbst in einer längeren Partnerschaft. Reden Sie erst wieder, wenn der andere fragt: «Und was sagst du dazu? Ich möchte gerne deine Meinung hören!» Ein schöner Satz, der garantiert kommt, wenn man mal die Klappe hält.

Manche Partnerschaftstrainings und -ratgeber teilen das Gespräch übrigens auch auf in eine Hörer und Sprecher-Rolle, die man von Zeit zu Zeit wechseln sollte. Andere Experten empfehlen sogar, ein konkretes Zeitlimit zu setzen: Jeder redet eine Viertelstunde, dann ist der andere dran, und dann nochmals im Wechsel. Probieren Sie's mal aus. Vor allem bei heiklen Themen, zu denen man eigentlich sofort seinen Senf geben will, wirkt die Regel sehr entspannend aufs Gespräch (und die Beziehung). Eine kleine Anleitung für ein Gespräch nach Plan gibt's später.

Und ja, natürlich braucht das alles seine Zeit. Das funktioniert nicht wie Nachrichten hören, auf den Punkt gebracht und kurz gefasst. Bei Gefühlsthemen braucht man eine Weile, bis man auf den Trichter kommt. Wenn man es dann hat, fühlt man sich gut, denn die seelische Zufriedenheit macht einen Großteil unseres Wohlbefindens aus, weshalb die Elaboration der Gedanken lohnt. «Glückliche Paare reden von Anbeginn mehr miteinander», schreibt Paarberaterin Célia Maria Fatia über «Glücksbedingungen der Partnerschaft» (mit anderen Texten zu Sex, Liebe und Familie auf www.familienhandbuch.de). Setzen Sie sich ab vom Normalmaß: Das Bundesministerium für Familie hat in einer Studie übers Zeitbudget 1996 herausgefunden, dass deutsche Paare nicht mehr als zwei Minuten pro Tag miteinander über persönliche Dinge sprechen. Heben Sie den Schnitt, dann werden Sie glücklicher als der Durchschnitt.

Positive Verstärkung

Diese Disziplin sollte eigentlich die einfachste sein, denn Gespräche werden nichts als leichter durch positive Rückmeldungen. Auch wenn's banal klingt, die Taktik hat große Wirkung: Zeigen Sie, dass Sie verstanden haben, nicken Sie oder stellen Sie offene Fragen. Letzteres bedeutet nachzufragen, ohne zu interpretieren (Falsch: «Das hast du dir vorher überlegt, oder?» – das klingt stichelnd und bohrend. Richtig ist: «Was war deine Überlegung?» – das hört sich offen und interessiert an). Die «Ich-weiß-schon-was-du-denkst»-Haltung ist übrigens ein riesiger Stein im Weg der Verständnisbahn. Wenn man sich mal eine Sache vom Partner genau erklären lässt, kommt meist doch etwas anderes heraus, als man denkt. Im Groben hat man vielleicht verstanden, aber in den Feinheiten liegt das Wesentliche. Bei solchen Gesprächen sind durch geduldiges Tiefschürfen schon alte, tief liegende Missverständnisse aus dem Pleistozän der Beziehung ans Licht der Wahrheit befördert worden.

Positives Feedback heißt auch zu zeigen, dass man nachvollziehen kann, was die Gesprächspartnerin erzählt. Psychologe Howard Markman sagt: «Zuhören ist viel schwerer als Reden. Achten Sie darauf, dass Sie verstehen, was die Partnerin anmerkt, ohne sich selbst zu verteidigen, ohne gleich Zustimmung oder Ablehnung zu signalisieren.» Sein Tipp: Unterbrechen Sie von Zeit zu Zeit die Sprecherin und wiederholen, paraphrasieren Sie das Gesagte. Auch das wirkt unterstützend. So wird ganz klar, ob Sie alles richtig verstanden haben. Die Partnerin fühlt sich gut bei Ihnen aufgehoben und Ihnen eng verbunden. Es entsteht eine entspannte, von Sicherheit geprägte Atmosphäre, in der man offen sprechen kann. Im besten Fall zeigen Sie Verständnis für Gefühle der Partnerin oder geben eine positive Rückmeldung, spenden ein Minilob für Ihre Offenheit, wie: «Gut, dass du das erzählst.» Das verbindet und erleichtert Beichten, Entschuldigungen und Wiederannäherungen, sogar in schwierigen Situationen. Diese Regel kann auch die Streitpartnerin beherzigen, vielleicht sagen Sie ihr, dass Sie gelobt werden wollen, wenn Sie etwas Persönliches rauslassen – weil Sie das sonst selten tun.

Noch eins zur positiven Stimmung: Man tut sowieso gut daran, Probleme als normal zu akzeptieren und deren Überwindung als Meilenstein der Partnerschaft anzusehen, den Sie gemeinsam erreichen. Sie entwickeln sich eben. Die Grundlage für ein solches Denken ist das Vertrauen in eine verlässliche und sichere Beziehung – ohne diese Überzeugung wird es schwierig. Im Übrigen ist das auch eine Einstellung, die erfolgreiche Paare zeigen, wie die Psychologen Professor Klaus Schneewind und Dr. Eva Wunderer von der Ludwig-Maximilians-Universität in München in einer Paar-Studie herausgefunden haben: «Wer auf das grundsätzliche Entwicklungspotenzial von Beziehungen vertraut, denkt auch anders über seine Partnerschaft und seinen Partner. Er sieht zum Beispiel Meinungsverschiedenheiten als weniger dramatisch an, macht für Probleme in geringerem Ausmaße seine Partnerschaft verantwortlich … und glaubt stärker an das grundsätzliche Vermögen der Partner, auch zukünftige Schwierigkeiten … bewältigen zu können.» Sehen Sie die Beziehung und Probleme als Chance für sich, im Partnerschaftsbiotop charakterlich zu wachsen.

Fünf Dos bei Diskussionen

Man sollte in einem Zwiegespräch unbedingt
- von sich sprechen und eigene Gefühle schildern
- Wünsche äußern, keine Forderungen
- beim Thema bleiben, dem konkreten Verhalten in der kritischen Situation
- erst genau zuhören, dann sprechen
- unterstützend wirken

Wie jede andere Fähigkeit, die man lernt, so muss man auch das Kommunizieren üben. Nehmen Sie sich mal die Zeit für eine Gesprächsstunde, am Anfang bereden Sie positive Dinge, wenn Sie ein Profi-Talker sind, können Sie auch unangenehme Dinge zur Sprache bringen.

Danke fürs Gespräch!
Eine Anleitung für eine gute Unterhaltung

Zugrunde liegt ein Gesprächskonzept des Forschers Dr. Michael Lukas Moeller, der an der Goethe-Universität Frankfurt lehrte und das Rede-Rezept nach langjähriger Erfahrung mit Paargesprächen entwickelte.

Schritt 1: Termin planen. Vereinbaren und blocken Sie beide einen Termin, aber nur an einem Tag und zu einer Zeit, an dem keiner etwas anderes vorhat, denn keiner soll etwas dafür aufgeben müssen. So viel Zeit wie für einen Kinofilm oder einen «Tatort» muss immer mal wieder drin sein, also etwa eine bis eineinhalb Stunden.

Schritt 2: Platz nehmen. Setzen Sie sich einander bewusst gegenüber, damit die Unterhaltung keinesfalls im Vorbeigehen stattfindet und Sie nicht abgelenkt werden.

Schritt 3: Thema finden. Sie fangen an mit «Was mich zurzeit am stärksten bewegt». Bleiben Sie aber nicht beim Schlagwort, sondern erklären Sie wie, weshalb, warum. Erläutern Sie an einer konkreten Szene aus dem Leben, es geht nicht um «etwas», sondern um Sie. Dafür bekommen Sie erst mal eine Viertelstunde Zeit. Ihre Partnerin darf nicht unterbrechen.

Schritt 4: Spieß umdrehen. Jetzt ist Ihre Liebste dran, ebenfalls eine Viertelstunde, inhaltlich gilt dasselbe wie in Schritt 3, auch für Sie: Ruhe da!

Schritt 5: Nochmals Wechsel. Hin, und her. Schon gemerkt, wie lange man über so was angeregt reden kann? Nett, oder?

Schritt 6: Beschränkung. Pünktlich anfangen, pünktlich aufhören, sonst wird's zu viel.

Die Kunst ist, solchen Austausch regelmäßig zu betreiben, vielleicht sogar als einen Jour fixe einmal die Woche zur Beziehungspflege.

Tipps für den Talk

Noch ein paar Ideen für die gute Unterhaltung

Sag mal! Man sollte sich nicht nur gepflegt austauschen, wenn es ein Problem gibt, nutzen Sie Ihre neuen Erkenntnisse einfach so, an einem guten Tag. Dann ist es auch viel leichter, die Regeln zu probieren.

Beweg dich! Lassen Sie Taten sprechen, sie wiegen mehr als Worte. Wenn Sie zugeben mussten, dass etwas falsch war, sollten Sie beim nächsten Mal anders handeln, geben Sie sich einen Kick, ändern Sie was. Ihre Partnerin wird Sie dafür lieben, denn Frauen messen die Beziehung daran, wie flexibel ein Partner ist und wie bewusst er mit ihren Wünschen umgeht.

Zum Notausgang! Vereinbaren Sie für Streits ein Codewort als Notreißleine, die jeder ziehen kann, wenn's zu viel wird. Lieber das Gespräch abbrechen, als immer blinder werden vor Wut.

Standpunktwechsel! Versetzen Sie sich in die Lage der Partnerin, ernsthaft. Was würden Sie denken?

Mensch, ärger dich! Wenn Sie sauer sind, sagen Sie genau und ruhig, was los ist. Das ist okay.

Extra-Tipp Wer bessere Kommunikation einmal mit der Partnerin üben will wie im Labor, kann einen empfehlenswerten Wochenendkurs besuchen (von der Autorin getestet), er heißt «Ein partnerschaftliches Lernprogramm» (EPL) und stärkt die Liebe unter Garantie mehr als ein Kuschelwochenende im Hotel. Im Kurs gibt's einen Theorieteil mit großem Aha-Effekt und viel Praxisanwendung, wenn man als Paar allein und mit Trainer die nervenschonenden Gesprächsregeln anwendet. Das Besondere ist, dass dieses Training wissenschaftlich getestet wurde: Teilnehmende Paare kommunizierten noch Jahre später liebevoller, die Scheidungs- und Trennungsquote lag bei Teilnehmern unterm deutschen Durchschnitt.

Der Kurs wurde an der Uni Braunschweig von Professor Kurt Hahlweg in Zusammenarbeit mit dem Institut für Forschung und Ausbildung in Kommunikationstherapie, München nach amerikanischen Vorbildern entwickelt. Er ist speziell für Paare gedacht, die erst ein bis zwei Jahre zusammen sind, denn das Programm will Stress vorbeugen, keine Therapie sein. Angeboten wird es an kirchlichen Beratungsstellen in ganz Deutschland (subventioniert!) und von der Christoph-Dornier-Stiftung. Informationen und Termine: www.akf-bonn.de und www.christoph-dornier-stiftung.de, «Therapie».

Die üblichen Verdächtigen: Typische Streitthemen von Paaren und praktische Lösungen

Rasen, Reinigen, Reisen, Uneinigkeit über gemeinsame Zeit und Geld – Auch wenn man sich bestens versteht, kommen diese Themen irgendwann auf den Tisch und sorgen für Unruhe. Sie bleiben in jeder Beziehung schwierig, denn bei gegenseitigen Grundsatzerklärungen dazu prallen Persönlichkeiten und Weltanschauungen in voller Wucht aufeinander. Kompromisse zu finden ist auch für Kommunikationsexperten schwer, denn jeder sieht sich mit seinem Anspruch im Recht. Wie also kann man harmonische Lösungen finden, wenn zwei absolut nicht dasselbe wollen? Einige Vorschläge zur Güte:

Reisen

Es ist jedes Jahr dasselbe Problem: Wohin im großen Urlaub? Die ersten Male geht es ganz schnell, das Ziel findet sich praktisch von allein. Italien, Westküste der USA, Andalusien, Mallorca, Griechenland, vielleicht auch noch Thailand, Südafrika oder Australien. Auf die Dauer jedoch erscheinen unterschiedliche Meinungen auf der Bildfläche, weil jeder andere Vorlieben und Bedürfnisse hat, und dazu (mindestens) einen ganz großen Urlaubstraum, der sich oft nicht mit dem des Partners deckt. Heißt es dann der Stärkere gewinnt, der Schwächere flennt? Oder soll man jedes Jahr einen schlechten Kompromiss schließen?

Versuchen Sie es so: Wenn beide extrem unterschiedliche Reiseziele ansteuern, sollte man sich auf keinen Fall jedes Mal in einer Mitte treffen, die auf Dauer keinen glücklich macht. Die bessere Lösung für Herzenswünsche wäre streng **geplante Abwechslung**: Einmal das weibliche Ziel, das nächste Mal das männliche. Der eine darf aber beim Camper-Urlaub in Schweden nicht (realistischer: wenig) meckern, weil der andere schießlich beim nächsten Urlaub mit auf Kulturreise nach Paris fährt. Wenn Sie nun aber von Dschungelexpeditionen, Raftingabenteuern oder einer Viertausenderbesteigung träumen, die ihr Schatz nie und nimmer mitmacht, sollten Sie **Freigang beantragen** und diesen Traum mit einem Freund wahr machen – nichts beschwert eine Beziehung auf Dauer mehr als das Gefühl, eingesperrt zu sein, weil man Träume nicht wahr machen kann. Vielleicht möchte Ihre Liebste ja währenddessen eine Wellnessreise mit ihrer besten Freundin machen (auf die Sie sowieso nicht viel Lust haben)? Den darauf folgenden Urlaub sollten Sie dann wieder gemeinschaftlich angehen, denn die Holiday-Trennung sollte keine feste Einrichtung werden, das wirkt sonst entfremdend.

Wenn Sie Reisepläne besprechen wollen und **nach einem Kompromiss suchen**, sollten Sie es unbedingt rechtzeitig und zu zweit tun, denn das Reisebüropersonal oder Freunde (mit wiederum eigenen Vorstellungen) sind keine Hilfe. Bedenken Sie beide: Es geht nicht um die Machtfrage, sondern um unterschiedliche Bedürfnisse. Erzählen Sie sich deshalb erst einmal gegenseitig, was Sie am meisten entspannen würde, was für eine Art Urlaub Sie sich wünschen, ob Sehenswürdigkeiten, Strand, Bildung, andere Kulturen oder Sport im Vordergrund stehen sollen. Dann suchen Sie nach **Gemeinsamkeiten, aber auch Unterschieden** in der Gestaltung und im zweiten Schritt nach Urlaubsorten, die Wünsche beider möglichst gut befriedigen. Zum Glück haben einige Ziele mehr zu bieten als nur eine einzige Art der Erholung: Auf mancher Kanarischen Insel kann man nicht nur sonnenbaden, sondern auch wandern, in Thailand gibt es Strände, klar, doch zusätzlich kann man wandern, Tempel gucken und Naturparks besuchen, in San Francisco, Barcelona, Sydney, auf Sizilien, Kreta und Mallorca gibt es Kultur, Museen sowie interessante Innenstädte, aber auch Strände und Natur, Schluchten und Berge, selbst auf der Party-Insel Ibiza gibt es tolle Flecken Natur und Mountainbike-Routen. Sie haben die Qual der Wahl.

Macken

Warum braucht diese Frau so lange im Bad? Warum muss sie tausend Mal fragen, bevor sie sich entscheidet? Warum sagt Sie immer «supergeil», das klingt wie eine Schulgöre? – Oder: Warum schmatzt du so? Kannst du nicht mal über so eine Kleinigkeit lachen? Warum schneidest du die Zwiebeln nicht feiner? Macken nerven, beide. Meist kann man gar nicht verstehen, warum der andere etwas so oder so macht. Das ist meist eine sinnfreie Sache, aber er macht es halt so. Kein Wunder, dass so eine harmlose Angewohnheit schnell zum Dauerstreitthema wird. Mit Macken umzugehen ist nicht leicht, denn es handelt sich um Verhaltensweisen, die der andere offensichtlich kultiviert hat und manchmal auch irgendwie braucht. Aber dauernd?

Beginnen wir mit einem Argument der Gegenseite: In einer Umfrage der Zeitschrift «Psychologie Heute» (Juli 2003) wurden 663 Paare, die im Durchschnitt 27 Jahre verheiratet waren (also Meister und langjährige Kenner der Materie ‹Macken auf Dauer›) dazu befragt, was ihre Ehe zusammenhalte. An erster Stelle nannten die Befragten «Toleranz und Akzeptanz, den anderen so nehmen, wie er ist.» Hm. Das bedeutet tendenziell, dass erfahrene Menschen folgenden schlappen Rat zum Thema nervensägende Macken geben: Man soll sich **an einiges gewöhnen** und über vieles **nicht aufregen**. Das einzig Gute daran ist, dass auch Sie demnach beanspruchen dürfen, weiterhin Ihre halbverrotteten Lieblingsunterhosen anzuziehen, immer mal wieder an den nicht vorhandenen Haaren herumzunesteln oder irgendwelche nervig gestelzten Redewendungen anzuwenden. Aber das ist nur die halbe Wahrheit.

Die zweite Hälfte der Wahrheit ist: Natürlich muss man **Macken infrage stellen**. Man kann sie nämlich phänomenologisch unterscheiden in Verhaltensweisen, die uns nerven, aber uns persönlich nicht anfechten, und Macken, die unsere Lebensführung beeinflussen. Ein Beispiel: Ihre Liebste niest mit einen total bescheuerten Mäuse-Haaa-tsiii. Nervig, aber na ja. Wenn sich die Gute aber angewöhnt hat, ohne Handvorhalten in Ihre Richtung zu hatschien, muss man das Niesebärchen in Schranken verweisen. Ähnlicher Sachverhalt: Sie ist unordentlich, das kann ja sein. Aber ihre Höschen gehören nicht permanent auf den Boden vor dem Bett, das ist unappetitlich am Morgen. Bei **groben Verstößen** gegen allgemein menschliche Konventionen oder sogar die Menschenrechte sind Macken **nicht (mehr) tolerierbar**. Ein Kompromiss muss her!

Generell tut man sich bei Fehlern der Liebsten einen größeren Gefallen, **wenn man realistisch bleibt**. Man kann einen Partner **nicht vollständig ändern** (das muss derjenige selber entscheiden und umsetzen), nur Angewohnheiten zur Diskussion stellen. Der Partnerschaftsforscher Guy Bodenmann von der Universität Fribourg in der Schweiz meint, dass man zwar störende Verhaltensweisen oder Eigenschaften des Partners, mit denen man nur schwer leben kann, **ansprechen** darf und **den Wunsch nach Veränderung anmelden** soll, aber: «Was nicht verändert werden kann, muss bis zu einem gewissen Grad akzeptiert werden.» Außerdem sollte man beherzigen: Ein Einsehen und Veränderung ist gerade dann einfach, wenn kein Druck ausgeübt wird – dann gibt die Partnerin viel leichter nach.

Ein guter Rat, denn das kennen Sie aus eigener Anschauung: Wenn Schatzi dringend etwas von Ihnen fordert, wollen Sie um nichts in der Welt nachgeben. Sinkt das Interesse der Liebsten an der Sache, geht es auf einmal doch, ganz wie von selbst. Es lohnt sich also, das Gesetz von Druck und Entlastung anzuwenden, der Mensch macht nun einmal lieber etwas freiwillig (zumindest aus geneigter Einsicht) als auf Befehl. Es ist also schlau, wie nebenher um etwas zu bitten, statt augenrollend eine Szene zu machen.

Putzen

Die Ursachen für partnerschaftliche Gefechte an Schrubber und Besen sind zwiefältig: Einmal liegen die Schmerzgrenzen für «noch sauber» oder «schon schmutzig» bei jedem anders, denn jeder Mensch hat ein persönliches **Wohlfühlniveau**, was die Sauberkeit betrifft. Das zeigt sich ganz deutlich an den entweder panischen oder stoischen Reaktionen auf Wollmäuse, Haare im Bad oder zahnpastaverspritzte Spiegel. Problem Nummer zwei in einer gemeinsamen Wohnung ist die **Arbeitsteilung**: Wer macht wie viel?

Wer Problem Nummer zwei salomonisch lösen will, könnte etwa die **Aufgaben durch zwei teilen**, dann muss jeder der Partner im Wechsel ran. Die Ausführung kann man mit einem Wochenplan an der Pinnwand oder im Putzschrank organisieren, auf dem alle Aktivitäten genannt sind (eine gute Idee sind Listen zum Abhaken mit Datum) – und mit drakonischen Strafen bei Nichtbeachtung. Diese Lösung ist eher wohngemeinschaftlich orientiert. Der Vorteil: Es gibt keine langen Diskussionen über Zuständigkeiten, denn die sind klar und deutlich geregelt und ausgesprochen.

Der Nachteil: Es war schon immer problematisch, nicht erfolgte Reinigungstätigkeiten mit wirkungsvollen Sanktionen zu belegen. Alle Parteien ärgerten sich zum Beispiel lange über den verbleibenden Urzustand des Pinkelpotts, bis einer selbst wutentbrannt zum Lappen griff. Allerdings sollten die Beteiligten einer Liebesunion unbedingt mehr guten Willen an den Tag legen als die einer Zweckvereinigung.

Weitere Alternative: Ein **abgesprochener Termin** für zweisame Hausarbeit. Auch das ist vernünftig, weil sich damit keiner benachteiligt fühlt, schließlich investieren beide die gleiche Zeit. Gemeinsames Schuften kann außerdem doppelt Spaß machen, und hinterher gönnen Sie sich zur Belohnung was Nettes, aber machen Sie dabei ja nicht das frisch geputzte Bad schmutzig! Bleibt also fürs Zweiervergnügen das Bett, das ist schnell wieder gemacht …

Eine weitere Teillösung sind **verteilte Aufgaben je nach Arbeitsbereich**, die automatisch anfallen und damit für ausgleichende Gerechtigkeit sorgen. Zum Beispiel: Sie kocht, er spült danach und räumt die Küche auf. Er putzt das Auto außen, sie innen. Er macht die Fenster, sie die Böden und so weiter. Dabei kann man **Aufgaben nach Vorliebe verteilen**, ebenfalls nach dem ausgleichenden Prinzip: Der eine bügelt, der andere wischt, der eine wäscht, der andere kauft ein und so weiter. Machen etwas beide nicht gern, müssen beide die Ärmel hochkrempeln. Wenn es gar nicht geht, hilft nur noch **Outsourcing**, eine bedenkenswerte Alternative. Vielleicht hält eine Putzfrau nicht nur Ihr bisschen Haushalt, sondern auch Ihre Partnerschaft lupenrein.

Noch ein Wort zu **divergierenden Sauberkeitsansprüchen**: Dieses Problem ist nicht lösbar, denn man kann die unterschiedlichen Bedürfnisse nicht wegdiskutieren, Kompromisse sind schwierig. Als friedliche Lösung kommt nur die gütliche Einigung infrage, bei der sich beide auf das Level des Partners zubewegen. Da muss man prüfen, wo es für wen am wenigsten wehtut, und dort sollten beide Zugeständnisse machen. Vielleicht ist dem einen die Sauberkeit des Bades extrem wichtig, dafür kann er in anderen Bereichen, etwa im Regal, einmal über eine dünne Staubschicht hinwegsehen. Der Saubere sollte dem Chaoten ein Zimmer, eine Ecke oder zumindest eine Schublade zugestehen, in dem es unruhig aussieht, und schaut dort geflissentlich weg. Es bliebt Ihnen nichts übrig, als das genau miteinander zu besprechen. Auf jeden Fall hat jede Sorte Frau etwas für sich: Das manisch-ordentliche Frauchen sucht Sicherheit, ist dafür sehr treu, die Chaos-Praktikerin dagegen ist mit Sicherheit kreativ im Bett.

Autofahren

Ganz kurz, denn es gibt nicht so viel dazu zu sagen, außer: **Klappe halten**, und das gilt für jeden, wenn er Beifahrer ist. Sie haben beide schon jahrelang den Führerschein und fahren unfallfrei, also muss so viel Toleranz und Vertrauen sein. Es gibt nur zwei Ausnahmen für diese Regel, nämlich hirnlose Raserei und totale Fahruntüchtigkeit, ob mit oder ohne Alkoholeinfluss. Dann muss man was sagen, sonst nie.

Geld

Beim Geld hört nicht nur die Freundschaft auf, sondern oft auch die Liebe. Und auch bei diesem Thema ist Streiten schwierig und nutzlos, denn es geht meistens nicht um diese oder jene Ausgabe, sondern um ein Grundgefühl: Jeder hat eine kleine Registrierkasse im Kopf, bei jedem sind die Einnahmen und Ausgaben anders programmiert. Was der eine für angenehm und großzügig hält, findet der Partner verschwenderisch. Was der eine als Grundbedürfnis versteht, erklärt der andere für total überzogen. Deshalb werden hier zwei Aspekte diskutiert: zuerst die grundlegenden Einstellungen dem Geld gegenüber, und dann praktische Lösungen für Kontofragen beim Zusammenleben.

Der wahre Auslöser für Stress sind **unterschiedliche Geldstile**. Um die Einstellung der Partnerin zu verstehen, muss man die Dame genauer unter die Lupe nehmen, vor allem ihr Vorleben: Meist wird unsere Haltung zum Geld von den Geld- und Lebensverhältnissen im Elternhaus geprägt, von den dort herrschenden finanziellen Möglichkeiten oder Ängsten. Also fragt man sich: Was war dort normal, was ging, was ging nicht? Werten Sie gemeinsam aus, was Sie über welche Ausgaben denken. Dabei lernen Sie, wie die Registrierkasse im Kopf des anderen abrechnet.

Hinzu kommt, dass wir alle mit dem Kaufen und Sparen bestimmte **Werte** verbinden, das sind die **eigentlichen Beweggründe** für unser Finanzgebaren. Manche Menschen macht Sparen glücklich, weil es ein Gefühl der Sicherheit vermittelt, andere macht Einkaufen glücklich, das Gefühl, sich etwas zu gönnen. Der eine verbindet mit Trinkgeld eine menschliche Haltung und anerkennendes Genießertum, der andere hält es für überflüssig, schließlich werden Angestellte ja bezahlt, nicht wahr? Also sollte man die eigenen und fremde Wertvorstellungen erkennen. Dann kann man das Verhalten verstehen und sich im Alltag aufeinander zubewegen, wenn's um Heller und Pfennig geht.

Versuchen Sie beim Austausch **ehrliche Aussagen** zu machen. Wir sagen oft: «Ich kann mir das nicht leisten», oder «Das geht schon noch». Ersetzen Sie bitte jeweils Verben wie «sollen», «können», «müssen», «dürfen», durch «wollen», dann kommen Sie Ihrer wahren Meinung viel näher: Sie **wollen** so viel ausgeben, oder Sie **wollen** es eben nicht. Genau so sollte die Partnerin bei den eigenen Wünschen oder Ängsten verfahren. Dann kann man schon viel deutlicher machen, was man – eben: will.

Wenn man zusammenlebt, steht das Thema Finanzen noch mehr im Mittelpunkt, weil man jetzt auch viele Ausgaben und damit die Entscheidungen darüber teilt. So können Sie Ihre Ausgaben und Konten regeln:

Das Zwei-Konten-System: Dabei richtet man ein Konto für gemeinsame Grundausgaben ein sowie ein Sparkonto für die großen Träume. Für dieses Modell muss man sich ziemlich gut verstehen, denn es setzt Einigkeit und Vertrauen darüber voraus, dass der eine vom gemeinsamen Konto nicht mehr holt als der andere. Oder eben Einigkeit darüber, dass das kein Problem ist. Dieses Arrangement eignet sich vor allem, wenn nur einer arbeitet und der andere die Kinder hütet oder in Ausbildung ist, schließlich muss der «Arbeiter» das Geld, das er verdient, ganz mit dem anderen teilen. Wenn er oder sie zum Beispiel nicht die Erziehung voll übernähme, könnte der Berufstätige schließlich überhaupt nicht arbeiten – also sind die Aufgaben zu Hause genauso wichtig wie die außer Haus. Beide leisten Fulltimejobs füreinander, nur dass der Haushalter für Kindererziehung, Kochen und Putzen nicht bezahlt wird. Also muss halbe-halbe gelten.

Das Drei-Konten-System: Diese Lösung eignet sich am besten für Gerechtigkeitsfanatiker, vor allem wenn beide arbeiten, gibt es hiermit die wenigsten Probleme. Jeder behält dabei sein eigenes Gehaltskonto, zusätzlich gibt es ein Doppelkonto für alle gemeinsamen Ausgaben (Haushalt, Urlaub, Miete). Beide sollten darauf im Verhältnis ihres Einkommens einzahlen, kassiert einer eineinhalbmal mehr als der andere, sollte er auch eineinhalbmal mehr einzahlen. Verdient einer nicht, geht alles Geld auf das gemeinsame Lebenshaltungskonto, und vereinbarte Beträge (die am Ende des Monats übrig bleiben) gehen halbe-halbe auf die einzelnen Partnerkonten. So kann jeder über ein eigenes Budget verfügen und muss nicht beim Partner nach Geld fragen.

Zeit

Der absolute Dauerbrenner, nicht wahr? Meist maulen die Frauen «Du verbringst zu wenig Zeit mit mir», manchmal läuft der Hase auch andersherum. Oft geht es nicht so sehr um die absolute Stunden- und Minutenzahl als um die Wertschätzung, die man einander entgegenbringt, die Zeit dient als Währungseinheit dafür. Schließlich würdigt man den anderen mit der Zeit, die man sich nimmt, und zeigt damit, dass man gerne mit ihm zusammen ist. Es lässt sich trefflich darüber streiten, ob die Stundenzahl die Stärke der Liebe ausdrückt, für den Vernachlässigten ja, für den Vielbeschäftigten nein. Manchmal liegt aber auch ein ganz anderes Problem zugrunde. Vielleicht meidet man sich ja gerade, weil es Stress im Bett gibt, Druck in der Arbeit, man unausgesprochene Konflikte mit sich selbst herumträgt. Offensichtlich gibt es Klärungsbedarf.

Es geht in Diskussionen also oft um die gefühlte Zeit, Aufmerksamkeit und Prioritäten im Leben. Dahinter steckt auf Seite des «Wartenden», ob Frau oder Mann, manchmal angeknackstes Selbstwertgefühl. Er oder sie braucht vielleicht zurzeit mehr Unterstützung oder Bestätigung. Vielleicht verschieben sich auch gerade Interessen im großen Stil: Der eine meint, nachdem man nun länger zusammen ist, muss man nicht mehr dauernd zusammenkleben, der andere möchte eng verbunden so weitermachen wie bisher. Folgende Möglichkeiten gibt es, um den Sachverhalt klarer zu sehen und das Problem zu lösen:

Eine Möglichkeit ist, erst einmal das tatsächliche **Zeitbudget zu überprüfen**. Manchmal vertut man sich mit der Einschätzung der Zeit. Es gibt eine gute Methode, um zu prüfen, ob die eigenen Lebensprioritäten tatsächlich mit der dafür verwendeten Stundenzahl übereinstimmen. Man kann damit auch heimliche Zeitdiebe finden. Hannelore Fritz, selbständige Trainerin und Unternehmensberaterin aus Frankfurt, rät, sich einmal für eine Arbeitswoche aufzuschreiben, was genau man mit den 24 Stunden pro Tag gemacht hat. Man zieht die durchschnittliche Schlafzeit ab, dann teilt man die verbleibenden Aktivitäten auf nach

- Arbeitszeit
- Zeit für die Gesundheit, für Sport
- Zeit für Kontakte mit anderen (ganz genau: wer und wann?)
- Zeit für den Partner
- Zeit für sich, für Lebensplanung, zum Nachdenken und Alleinsein.

Dann wird ausgerechnet, wie viel Prozent der Zeit man für welche Aktivität verwendet. Lassen Sie noch jemanden anderen drübergucken, ob Sie alles richtig eingeschätzt haben, einen Freund oder Ihre Partnerin. Dann sind Sie mit dem Prüfen dran, denn Sie sollen vergleichen, ob diese Aufteilung mit Ihren tatsächlichen Prioritäten übereinstimmt. Meist ist man überrascht, wie wenig Zeit man in Wahrheit in manche wichtige Felder wie Sport und Beziehung steckt. Passen Sie als Konsequenz die wahre Zeit Ihren eigentlichen Wünschen an.

Eine weitere Möglichkeit, mit Unzufriedenheit aufseiten der Partnerin umzugehen, ist, das **Zusammensein zu intensivieren**. Dazu sollte man sich an jedem bewusst gemeinsam verbrachten Abend, Nachmittag (oder gleich Tag) voll auf den anderen konzentrieren. Es gilt also nicht als «echte» Paar-Zeit, wenn man dabei liest, bastelt, fernsieht, ins Kino geht oder mit Freunden zusammen ist, sondern nur exklusive Kümmer-Zeit. Für so ein intensives Zusammensein eignen sich Gespräche, Spaziergänge, zu zweit essen gehen, in die Cocktailbar, einen neuen Sport zusammen ausprobieren, gemeinsam spielen – bei all diesen Aktivitäten ist man in engem Austausch.

Natürlich ist es kein Fehler, sich vorab gegenseitig über das generelle **Bedürfnis nach zeitlicher Gemeinsamkeit** zu informieren, denn jeder hat andere Vorstellungen, wie das aussieht, was «gemeinsam» für ihn oder sie bedeutet, wann man sich dem anderen nahe fühlt, und was man da am liebsten machen möchte. Schon das kann einige Fragen beantworten.

6. Risikofaktoren einer

Was birgt Gefahr, was stabilisiert?

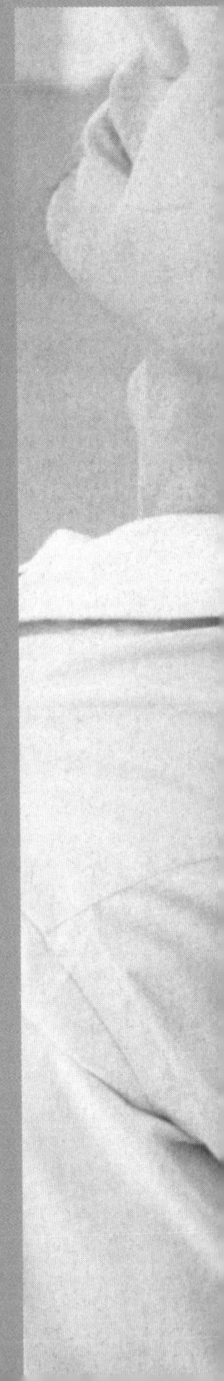

Partnerschaft:

Bedrohliche Situationen erkennen und eigene Fehler beheben: Weitere Qualifikationen im Partnerschafts-Management

Wie man besser mit der Liebsten klarkommt, wissen Sie jetzt. Das ist sehr gut, hat nur einen Schönheitsfehler: Es bewahrt Sie nicht vor schwierigen Situationen. Dieses Kapitel macht Sie darum mit einigen Risikofaktoren für die Partnerschaft vertraut – damit Sie frühzeitig erkennen, wenn das Schiff raue Gewässer erreicht und Sie das Ruder fest in die Hand nehmen können, um gegenzusteuern. Bei den fürs Beziehungsboot gefährlichen Stromschnellen kann es sich um eigene Fehler handeln, Probleme der Partnerin oder einfach anstrengende Herausforderungen, die das Leben mit sich bringt. Am Ende des Kapitels lernen Sie sogar, Liebesspuren am Verhalten einer Frau zu lesen – am weiblichen Verhalten kann man deutlich ablesen, wie es um die Beziehung steht. Was Sie wissen müssen, erfahren Sie hier.

Die sieben Todsünden der Liebe – das sollte man vermeiden

Das einzig Gute an selbst gemachten Fehlern ist, dass man daraus lernen und sie in Zukunft vermeiden kann. Nun gibt es aber eine Spezies von Fehlern, die man nie begehen sollte, denn man macht sie genau einmal und hat dann zwar fürs Leben gelernt, aber fürs Leben verloren – Geld, Spiel, Job, Projekt, Freund oder eben die Liebste. Lesen Sie dies also zum Selbstschutz, um die tragischen Sünden der Liebe früh zu erkennen, um einen Fehlversuch zu meiden. Es werden sieben Liebessünden prophetisch genannt, deren Wirkweise erklärt («Exegese») und dann Tipps zur Vermeidung («Exerzitien») gegeben. Danach können Sie die nicht nur vermeiden, sondern die verhängnisvollen Verfehlungen sogar bei anderen erkennen, bei Freunden (oder sogar Ihrer Partnerin) – und rechtzeitig eine Warnung loslassen, denn sonst erleben Sie den Anfang vom Ende.

SÜNDE NUMMER 1: **Demontage**

Beispielsatz: «Verklemmte Kuh, du bist so spießig wie deine Mutter.»

Exegese: Oft fallen solche Hass-Sätze im Streit. Im Kern haben sie die Botschaft: «Du bist nicht okay, wie du bist», und das, obwohl man kurz zuvor schwor, man liebe gar alles an seinem Schnurzilein. Aber Vorsicht! Der Schweizer Kommunikationswissenschaftler Dr. Werner Troxler erklärt: «Worte sind leicht gesagt, doch sie richten oft einen größeren Schaden an, als man denkt. Vor allem, wenn man dabei auch noch eine Schwachstelle des anderen trifft.» Todsündig an einer solchen Aussage ist, dass man die Verletzung nicht zurücknehmen kann. Trotz Reue kann Schnurzi keine Absolution erteilen, denn die «dumme Kuh» weiß: «Er findet mich im Grunde doof.» Die Liebe hat einen Kratzer. Und der geht nicht mehr raus.

Exerzitien: Drei Übungen, um Demontage zu vermeiden

- **Anti-Wut-Mantras.** Buchautor Troxler («Liebe, Zoff und Zank») empfiehlt: «Wer dazu neigt, beim Streiten verbal außer Kontrolle zu geraten, sollte sich in klaren Momenten vergegenwärtigen, dass er den anderen nicht verletzen will, sondern ihn schätzt.» Sagen Sie sich: «Wertschätzung ist mir wichtiger als Wut.» Dann können Sie im Eifer des Gefechts einen Gang zurückschalten und den Ärger in mildere Worte fassen.
- **Hier geblieben.** Für die aktuelle Auseinandersetzung gibt es einen konkreten Grund. Suchen Sie exklusiv dafür eine Lösung, denn Gespräche (und geliebte Menschen) geraten voll aus der Fassung, wenn man noch andere Themen mit aufwärmt, à la «Damals hast du auch».
- **Inhalts-Index.** Das Sündenregister der Dispute enthält, so Troxler, folgende Aussage-Typen: «Abqualifizierende Vergleiche aus der Tierwelt und mit Verwandten, zynisch-ironische, eiskalte oder lächerlich machende Aussagen, denn die demontieren den Partner. Gefährlich sind auch absolute Äußerungen wie «Du bist die Dümmste».

SÜNDE NUMMER 2: **Perspektivlosigkeit**

Beispielsatz: «Es ist nett, mit dir zusammen zu sein.»

Exegese: Wir brauchen alle Sicherheit, der eine die Sicherheit, gehen oder bleiben zu können, wann er will, der andere (meist *die* andere) das Versprechen, dass man bleibt und plant. Und nun? Es ist Ihr gutes Recht, Schritte hin zu mehr Gemeinsamkeit (noch) nicht zu wollen. Doch wer gar keinen Zug zur Zukunft zeigt, riskiert einstürzende Gefühlsbauten. «Eine Partnerschaft ist immer mit Zielen und gemeinsamer Entwicklung verbunden, das schweißt zusammen», so Dr. Troxler. «Eine gute Zeit und guter Sex im Jetzt und Hier reicht nicht.» Eine Partnerschafts-Sünde begeht also, wer sich vor definitiven Aussagen drückt. Das bedeutet nicht immer gleich Zusammenziehen oder gar das Ja-Wort (zu was auch immer), das sehen Sie gleich in den Empfehlungen.

Exerzitien: Vier Strategien gegen Perspektivlosigkeit

- **Hand aufs Herz.** Seien Sie ehrlich zur Ihrer Partnerin. Ausflüchte bringen nichts, denn eine Frau erkennt vorgeschobene Argumente und nagelt Sie darauf fest. Sagen Sie nein (oder ja), ganz klar und deutlich. Zum Zusammenziehen: «Nein, ich habe Angst vor Streit um Kleinigkeiten», zum Mitkommen aufs Familienfest: «Nein, ich würde mich nicht wohl fühlen», zu den gleichfarbigen Jacken im Sportgeschäft: «Nein, nie!» Okay, Sie werden darüber diskutieren müssen, aber: «Man kann nicht immer gefallen», meint Beziehungsexperte Troxler, «das Risiko, dass die Partnerin enttäuscht ist, muss man eingehen». Legen Sie Ihre Motive und Befürchtungen offen, dann kann die Dame immerhin verstehen, was Sie abhält. Das sollten Sie mit viel Gefühl tun, sodass die Liebste einsieht, dass es Ihnen auch nicht leicht fällt, Nein zu sagen. Im Verständniszeigen sind Frauen eh einsame Spitze, also warum nicht?
- **Gute Aussichten.** Signalisieren Sie bei einem «Nein», dass das momentan so ist, aber vielleicht nicht ewig. Zum Zusammenziehen: «Wenn, dann mit dir, aber nicht jetzt», zum Familienfest: «Im nächsten Jahr komme ich mit», bei den Jacken: «Ich kaufe dir jetzt Unterwäsche, die mir gefällt. Die trägst du dann nur für mich.» Planen Sie etwas Mittelfristiges mit Ihrer Partnerin zum Ausgleich, damit die Liebste sieht, Sie haben Zukunftspläne mit ihr,

wenn auch noch keine bindenden. Gute Ideen sind etwa ein Urlaub, Sport, eine gemeinsame Party.

- **Gut im Abgang.** Sie haben eine Lebensabschnittsgefährtin, die den Abschnitt von Sonnenuntergang bis -aufgang ideal ausfüllt? Genießen Sie – aber spiegeln Sie einem Betthupferl, das Sie vernaschen (und das auch an Ihrem Körper gerne knabbert) keinen Ewigkeitswert vor. Die Botschaft ist: Wenn die Sache perspektivlos ist, sollte man nicht so tun, als wär's die Liebe des Lebens. Sonst tut man der Gegenseite nur unnötig weh, und das kann mächtigen Ärger geben. Wenn Sie jedoch eigentlich etwas für tagsüber suchen, sollten Sie die Netze nicht Nachts auswerfen. Beobachten Sie lieber wach den Gesamtmarkt. Sie haben ja schließlich nicht ewig Zeit.
- **Das Leben ist ein Test.** Das mussen Sie wissen: Frauen testen Männer mit der Frage: «Wie geht es weiter mit uns?» Sind Sie ein Zukunftsprojekt in ihrem Leben oder nur eine Momentaufnahme? Das wollen die Damen mit der Frage herausbekommen, die Mädels haben ja schließlich nicht ewig Zeit.

SÜNDE NUMMER 3: **Lüge**

Beispielsatz: «Nein, ehrlich: Diese Frau kenne ich nicht.»

Exegese: Dieser Liebestöter existiert in zwei Daseinsformen, als klassischer sexueller Fehltritt und als inhaltlich-verbale Fehlleistung. Zu Ersterem: Wenn Treue vereinbart ist, bringt Untreue die Liebe in Lebensgefahr. Zu Zweiterem: «Eine Lüge wendet sich immer gegen den Lügenden, denn er spaltet seine Realität auf in zwei Wahrheiten und schwächt in diesem Spannungsfeld die eigene Persönlichkeit», sagt Dr. Troxler. Die Hölle bricht gleich drei Mal los, wenn eine Falschaussage auffliegt, denn Vertrauen kann man nicht einfach wieder aufbauen, es ist ein freiwilliges Geschenk. Wer es zerstört, besitzt keinen Einfluss auf den Wiederaufbau. Das sollten Sie nicht riskieren.

Exerzitien: Zwei Ratschläge gegen den Sündenfall der Lüge

- **Klares Konzept.** Hier gibt es nur die platte Aufforderung: Seien Sie ehrlich. Bleiben Sie sich treu. Hinterziehen Sie keine Gefühle.
- **Immunsystem stärken.** Machen Sie Ihre Liebe fit mit einer Megadosis

der Vitamine AZE (also A, Z_1, Z_2 und E): Aufmerksamkeit, Zärtlichkeit, Zeit zu zweit und Energie für die Geliebte.

SÜNDE NUMMER 4: **Gefälligkeit**

Beispielsatz: «Wie du willst, Schatz.»

Exegese: Zu gefällig ist, wenn man alles mitmacht, was der andere will, sich von Grund auf umkrempeln lässt und keine eigene Meinung mehr hat, also «wenn man seine Persönlichkeit komplett verleugnet, um dem anderen zu gefallen», meint der Kommunikationstrainer Troxler. Da will man als Frau nur rufen: Männer, pflegt euer Ego, denn das lieben die Frauen schließlich. Das hört sich aber einfacher an, als es ist, denn man soll ja zugleich ganz doll auf seine Partnerin eingehen.

Exerzitien: Drei Wege aus der Gefälligkeit

- **Drum prüfe, wer sich ...** Was wollen Sie sein, Wunscherfüllungsmaschine oder ebenbürtiger Partner? Fragen Sie sich bei Freunden, Filmen, Frisur, Freizeitgestaltung, Fahrzeugen und Fernflügen: Was tun Sie für sich, was für die Partnerin? Und tun Sie das, weil Sie sollen oder weil Sie wollen? Nun entscheiden Sie selbst, welche Ratio von «für sie tun» und «für sich tun» für Sie persönlich erstrebenswert ist. Prüfen Sie auch in Zukunft hin und wieder, wie es damit steht.
- **Ungefälligkeit.** Drehen Sie den Spieß um. Geht die Liebste auch für Sie Kompromisse ein? Oder droht das Zicklein mit Liebesentzug, wenn es sich bei banalen Dingen trotz Hörnereinsatz einmal nicht durchsetzen kann? «Je ehrlicher Sie sagen, was Sie wollen, desto klarer wird, ob diese Frau Sie als Person schätzt oder Sie ausnutzt», rät Werner Troxler. Stellen Sie zur Probe einen Herzenswunsch in den Raum und beobachten Sie, wie Sie damit umgeht.
- **Frauenproblem.** Der Weg in die Sünde hat manchmal nichts mit Ihnen zu tun. Manche Frauen erwählen sich einen Prinzen, den sie im Verlauf der Beziehung zum Frosch machen und gnadenlos herumkommandieren, weil sie von Beginn an falsche Erwartungen hatten, beschreibt der Paartherapeut und vielfache Buchautor Hans Jellouschek, der sich mit Glück und Unglück

bringenden Beziehungskonstellation viel beschäftigt hat und bestens auskennt. Bei so einem Verhältnis trifft zu: Was immer Sie für die Liebste tun, die Prinzessin auf der Erbse wird Sie deshalb nicht stärker lieben, im Gegenteil, sie hat dann das Gefühl, Sie seien zu einfach zu haben. Dafür verachtet so eine Partnerin den Liebsten dann auch noch. Seien Sie kein Frosch, weisen Sie die Hochmütige in Schranken. Das ist Notwehr (und besser für die Beziehung, als Sie glauben).

SÜNDE NUMMER 5: **Achtlosigkeit**

Beispielsatz: «Was?»

Exegese: Man plumst nach der wunderbaren Zeit im siebten Himmel wieder unter den schnöden Ätherhimmel auf der Erde und nimmt an, man kenne sich so gut, dass man nichts mehr besprechen und erklären müsste. Doch Obacht, bald nimmt man kleine, wichtige Zeichen und Aussagen nicht mehr wahr und verliert den Beziehungsfaden. Werner Troxler sagt: «Am Anfang denkt man, man muss nicht reden, weil es so gut läuft. Das ist aber falsch.» Achtlosigkeit im Kleinen ist ein ernstes Zeichen für schwindendes Interesse am anderen.

Exerzitien: Zwei Tipps, um Achtlosigkeit zu meiden

- **Dranbleiben.** Man kann nicht ewig über den Wolken wohnen. «Es bleibt nie so, wie es einmal war, denn man entwickelt sich weiter», meint Werner Troxler. Bleibt Ihnen nichts übrig, als das zu akzeptieren und offen für alle Entwicklungen zu sein. Immerhin: Wenn die Liebste sich permanent ändert, bekommen Sie jedes Mal eine neue Frau.
- **Beziehungs-Update.** Bringen Sie einander in regelmäßigen Abständen auf den neuesten Stand. Immer einmal die Woche, zum Beispiel Samstagmorgenfrühstück im Bett, beim Sonntagskaffee oder Montagstee. Wann es Ihnen am besten passt. Wichtig ist nur, dass das zur Gewohnheit wird. Tauschen Sie sich über Gefühle aus, kultivieren Sie Ihr Interesse an der Liebsten, schließlich ist dieser Mensch so spannend, dass Sie eine Menge Zeit investieren – vielleicht sogar ein halbes Leben.

SÜNDE NUMMER 6: **Unterlassene Hilfeleistung**

Beispielsatz: «Sandra hat gesagt, ich sehe gestresst aus.»

Exegese: Dieser Satz von ihr ist ein typischer Aufmerksamkeitsheischer. Ihrer Partnerin geht es schlecht, und Sie sind entweder unaufmerksam oder verstehen das Problem nicht. Sie meinen, das ist doch nicht so schlimm? Ist es doch! Auch wenn Sie schwer nachvollziehen können, wie es ihr geht – bedenken Sie, man kann die Welt nicht mit den Augen eines anderen Menschen sehen, also können Sie nicht von außen bestimmen, ob es ihr in dieser Situation schlecht gehen darf oder nicht, ob sie Trost verdient hat oder nicht. Die mangelhafte Unterstützung des Partners vergisst die Leidende nie und speichert unauslöschlich ab: «Als es mir richtig dreckig ging, war er nicht für mich da!»

Exerzitien: Drei hilfreiche Strategien. So fühlt die Partnerin, dass Sie für sie da sind.

- Erste Hilfe-Kurs. Lernen Sie die persönlichen Trosthandreichungen für die Dame kennen, sie weist Sie als Ihren Partner sicher gern ein. Was Sie brauchen, ist eine Gebrauchsanweisung, wie genau man Ihre Tiefdruckgebiete behebt. Woher sollten Sie auch sonst wissen, dass ein sexy Schäferstündchen die Partnerin wirklich wunderbar vom Elend der Welt ablenken kann?
- Sprachkurs für Schatzi. Wann ist Not am Mann? Das muss klar werden, denn kein Mann will allzeit mit breiter Trösterbrust bei jedem Seufzer und Schluchzer bereitstehen, verständlicherweise. Deshalb sollten Frauen unterscheiden lernen zwischen «SOS» und «SOL», nämlich «So lala» – und das signalisieren. Wichtig: Bestehen Sie darauf, dass Ihre Freundin SOS funkt, wenn Sie Zeit und Zuwendung braucht. «Du musst das spüren» gilt nicht, das überfordert jeden. Und statt «Sandra sagt» soll die Liebste aktiv formulieren: «Mir geht es nicht so gut, ich brauche dich.» Dann können Sie reagieren.
- Bitte nicht! In dem Moment, in dem Ihre Liebste gesteht, dass sie sich schlecht fühlt, dürfen Sie Sätze wie «Hab dich nicht so», «Selbst schuld», «Das schaffst du schon» nicht aussprechen. Die zeigen nämlich nur, dass man die Gefühle des Gegenübers nicht ernst nimmt und schnell darüber hinweggehen will. Besser: Klappe halten, in den Arm nehmen, streicheln.

SÜNDE NUMMER 7: **Lieblosigkeit**

Beispielsatz: «Was gibt's heut' zu essen?»

Exegese: Die Ursache dieser Sünde ist schleichender Respektverlust: Wer lieblos ist, weiß den anderen nicht mehr zu schätzen. Die Symptome zeigen sich im Alltag, wenn man die Anwesenheit und Anstrengungen des anderen für selbstverständlich nimmt. Wieso loben, wenn sie doch sowieso immer kocht? «Dabei beschwingen gerade Romantik und die Aufmerksamkeit für feine Zwischentöne das Zusammenleben», sagt der Kommunikationsexperte Werner Troxler.

Exerzitien: Zwei Maßnahmen gegen Lieblosigkeit

- **Was wirklich zählt.** Kleine Aufmerksamkeiten ergeben zusammengenommen das Bild großer Liebe: Hier eine Miniüberraschung, da ein netter Zettel, dann die Nachfrage, wie ein Termin bei ihr im Job lief, ein Gruß per Telefon, SMS oder E-Mail. Blume gepflückt, ihr eine neue Frauenzeitschrift mitgebracht.
- **Hab Acht.** Gehen Sie achtsam mit Ihrer Liebsten um. Schätzen Sie, was für Sie getan wird. Zeigen Sie die guten Manieren nicht nur Ihrer hübschen neuen Kollegin im Büro. Bedanken Sie sich für alles, denn nichts ist selbstverständlich, auch wenn es wiederholt und in treuer Liebe entgegengebracht wird.

Das Fazit der Todsünden: Wenn Sie auch nur einige dieser Hinweise beachten, kommen Sie in sündenfrei in den Liebeshimmel, ganz ohne Ablasszahlungen (Schmuck, teuer essen gehen …) und dürfen dort auf ewig jubilieren (oder was auch immer Sie in Freudenmomenten mit Ihrem Engel anstellen wollen). Das versprechen wir hoch und heilig.

Krisenmanagement: Operation am offenen Herzen – was man in Stress-Phasen für die Beziehung tun kann

Harte Zeiten stehen Ihnen bevor, egal ob Sie viel im Job zu tun haben, auf Zeit räumlich getrennt sind oder andere schwierige Lebensumstände auf Sie zukommen. Wenn solche Dinge Sie und die Partnerin unter Druck setzen, kann sich das schnell negativ auf die Liebe auswirken. Deshalb ist es immer sinnvoll, sich Handwerkszeug anzueignen, um die Beziehung erfolgreich durch anstrengende Phasen zu manövrieren. Der Schweizer Forscher Guy Bodenmann, der sich speziell mit dem Umgang mit Stress innerhalb von Partnerschaften beschäftigt, sagt: «Eine kompetente Stressbewältigung ist ein zentraler Pfeiler für Beziehungsglück.» Selbst wenn Sie sich als Paar gut verstehen, können solche Krisen enorm belastend wirken, denn es kann sein, dass «die Qualität der partnerschaftlichen Kommunikation … unter Stress beträchtlich zusammenbricht», meint Bodenmann. Er fand in einer Studie mit über 1000 Paaren heraus, dass hoher Stress extrem negative Effekte auf die Partnerschaftsqualität hat und Ehepaare mit großen Belastungen von außen ein höheres Scheidungsrisiko haben. Die Zufriedenheit mit der Partnerschaft nahm bei gestressten im Vergleich zu entspannten Partnern im Verlauf von fünf Jahren deutlich ab. Es ist aber in der Hauptsache nicht der Stress selbst, der die Partnerschaft gefährdet, sondern wie gesagt der Umgang damit. Am besten für die Liebe ist, wenn man den Stress nicht alleine, sondern zu zweit bewältigt, selbst wenn nur einer ein Problem hat (etwa bei der Arbeit), fand Bodenmann heraus. Man sollte also nicht nur Lust und Spaß, sondern auch die Sorgen teilen. Hier kommt eine Liste der wichtigsten Stressauslöser, Lösungsvorschläge werden mitgeliefert.

Stressfaktor Zeitnot

Das Büro fordert zurzeit den ganzen Mann. Abends kommen Sie nach Hause und können nicht mehr, Sie parken vor dem Fernseher und schaffen es gerade noch, die Fernbedienung zu halten. Beinahe hätten Sie übersehen, dass

Ihre Partnerin neben Ihnen sitzt, hätte die nicht irgendwann einmal feste an Ihnen gerüttelt, als Ihnen der Kopf auf die Brust sank. Sie will sich mit Ihnen unterhalten. Sie will etwas erzählen. Sie will ausgehen. Sie können nicht. Das alles findet Ihre Liebste nicht so lustig: Der Liebste hat keine Zeit und keinen Kopf für sie.

So eine Situation kann vorkommen und sollte okay sein, doch man sollte Folgendes beachten: Den Stress haben nicht nur Sie alleine, sondern die Beziehung. Also reagiert auch die Partnerin auf den Liebes-Entzug, sie ist mit der Zeit genervt und wird ein Mindestmaß an Aufmerksamkeit verlangen – die Sie gerade nicht zu geben haben. Dass es da knirscht und Unzufriedenheit und Unverständnis auf beiden Seiten aufkommt, ist ebenso wahrscheinlich wie verständlich. Halten Sie deshalb in Zeiten ohne Zeit für Liebe die wichtigen Beziehungs-Minimalstandards ein, die wir Ihnen hier ans Herz legen, dann kann (fast) nichts mehr schief gehen.

Ganz kurz noch vorab: Weil Ihre Liebste wahrscheinlich nicht einschätzen kann, was genau in Ihnen vorgeht, wenn Sie unter Zeitnot leiden (obwohl sie denkt, sie könnte, liegt sie sicher falsch), wäre es sehr, sehr schlau von Ihnen, ihr zu verdeutlichen, dass Ihnen die Situation a) Leid tut, b) Sie auch lieber mehr Zeit mit ihr verbringen würden, c) dass Sie momentan aber nicht anders können, und d) sollten Sie eine Zeit in Aussicht stellen, in der es wieder anders wird. Und f) sollte die Zeit, in der die Dame wieder mehr Priorität bekommt, auch tatsächlich kommen. Die Liebste immer weiter auf den Sankt-Nimmerleins-Tag zu vertrösten, um noch und noch ein Projekt annehmen zu können, gilt nicht. Andernfalls sollten Sie sich (und der Partnerin, netterweise auch) eingestehen: Ihre Karriere ist Ihnen momentan wichtig(er). Im Normalfall aber sollte der Job nicht permanent vor dem Privatleben stehen. Deshalb sind die folgenden Tipps für ein **partnerschaftliches Minimalprogramm** für kurzfristige Symptomlinderung in verschiedenen Beziehungsbereichen gedacht, nicht jedoch für die Daueranwendung.

Zu wenig Zeit fürs …

1. Sexleben Sie sind zu einfach müde dafür, keine Zeit. Also …

- **Machen Sie ein Sex-Date aus.** Sie führen ja sowieso einen strengen Terminkalender, also tragen Sie sich ein bis zwei Stunden pro Woche für ein sehr privates Meeting ein, eines, an dem Sie sich und Ihren Körper der Geliebten exklusiv zur Verfügung stellen. Es bietet sich zum Beispiel der Sonntagmorgen an, da geht man selten ins Büro, hat wenig anderes vor (und für freche Kerle: Da läuft noch kein Fußball oder Autorennen im TV). Liebe machen muss nämlich nicht immer spontan sein, es ist auch wunderbar, gezielt intim zu werden. Mit so einem Date schlagen Sie zwei Fliegen mit einer Klappe: Sie kommen auf ganz andere Gedanken, entspannen und machen Ihre Partnerin zugleich glücklich. Das wird eine kostbare Stunde für beide, jede Woche.

- **Liebesmomente.** Kuscheln Sie oft, aber dafür kurz. Hier eine Umarmung, da ein Küsschen, nochmal vor dem Schlafengehen umdrehen und die Partnerin umarmen. Das gibt ihr das gute Gefühl, geliebt zu sein – und dauert nicht lang.
- **Husch, husch – aber herzlich.** Streuen Sie bei guter Grundstimmung öfter mal einen Quickie ein. Hier erreichen Sie den besten Sex-pro-kostbare-Minute-Wert.
- **Passivliebe.** Gestehen Sie Ihrem Schatz, dass Sie gerade keine Kraft haben, die Initiative zu ergreifen. Aber lassen Sie die Dame wissen: Sie haben nichts dagegen, sich von ihr verwöhnen zu lassen. Diese Option sollte Ihre Liebste gerade jetzt einmal öfter wahrnehmen, oder?

Zu wenig Zeit fürs …

2. Sozialleben Es ist zeitlich so eng, dass Sie nicht einmal Zeit haben, um alle wichtigen Freundschaften zu pflegen, was schwierig ist für die Liebe, denn die Partnerin möchte Freunde treffen, Sie können jedes Mal nicht mit. Okay, das Sozialleben kann auch mal eine Weile erkalten, aufwärmen geht auch. Besser ist es jedoch, die Kontakte stattdessen auf Sparflamme zu stellen. Steuern Sie diesbezügliche Aktivitäten in der harten Zeit strategisch. Sie sollten …

- **Priorisieren.** Versuchen Sie, zumindest bei wichtigen Festen oder Aktionen trotzdem da zu sein. Denn so etwas verbindet, und Sie wollen die Verbindung ja halten, auch als Paar.
- **Delegieren.** Bitten Sie Ihre Partnerin, sich verstärkt um den Freundeskreis zu kümmern, News auszutauschen und Kontakte zu halten, die wichtigsten Entwicklungen kann Sie Ihnen berichten. Außerdem sollten Sie Ihre bessere Hälfte ermutigen, sich alleine mit Ihren Freunden zu treffen, so hat die Liebs-

te einen netten Abend (statt mutterseelenallein auf Sie zu warten). Das hilft beiden weiter, sie ist Ihre Brücke zum Rest der Welt, und indirekt hat das Treffen ja auch mit Ihnen zu tun, denn die Süße lernt Ihre Freunde besser kennen. Vielleicht erfährt sie ja ein paar alte, lustige Geschichten über Sie.

Zu wenig Zeit fürs …

3. Gefühlsleben Sie erwartet mehr von Ihnen, denn der Partnerin geht es nicht nur darum, irgendwie Zeit mit Ihnen zu verbringen, sondern, wie sie sagt, auch die Beziehung zu pflegen. Hier ein paar Vorschläge, wie Sie auf dahingehende Forderungen eingehen können:

- **Intimisieren.** Das Problem: Sie wittert Chancen für sich, wann immer Sie eine freie Minute haben, fordert die Lady jede einzelne davon. Sie müssten alle freie Zeit mit ihr verbringen, sagt Ihre Partnerin, schließlich wartet sie die liebe lange Woche auf Sie, und als wichtigster Mensch in Ihrem Leben sei sie jetzt dran. Falsch. Zuallererst kommen Sie. Jeder Mensch braucht Zeit für sich, deshalb müssen Sie auch jetzt ab und zu ein Stündchen ganz für sich haben. Das muss jede Frau akzeptieren. Im Gegenzug sollten Sie in der verbleibenden gemeinsamen Zeit wirklich voll und ganz für sie da sein.
- **Diskutieren.** Natürlich wollen Frauen auch in solchen Zeiten alles genauestens besprechen. Das geht aber nicht, das muss man ihr verklickern. Beziehungsdiskussionen sind zu verschieben, bis wirklich wieder Zeit dafür ist. Das gilt für ein paar Tage, vielleicht ein bis zwei Wochen, ewig jedoch können wichtige Themen natürlich nicht warten.
- **Informieren.** Sie sollten die Partnerin aber trotzdem unbedingt auf dem Laufenden darüber halten, was gerade so in Ihrem Leben passiert. Geben Sie ihr Updates und Infos im Telegramm-Stil, damit sie das Wichtigste mitkriegt – und umgekehrt, sie hat ja auch noch ein Leben!

Stressfaktor Verführung

Hier und jetzt in der Bar. Dieses hübsche, ach was, überirdische Wesen zwinkert, ja, Ihnen zu! Fährt sich durch die Haare, zupft am hautengen Oberteil. Püh, die sieht super aus, eine Traumfrau, zehn Punkte. Deren elektrisierende Einladung lässt Sie nicht kalt, weil Sie sowieso auf Geschäftsreise sind oder sonst wie alleine unterwegs. Überhaupt, Sex mit einer anderen wäre verlockend, denn momentan ist Ihre Beziehung einfach nur anstrengend, außerdem haben Sie Lust, Ihre Chancen zu testen, nur so. Das bedeutet: Sie sind anfällig. Sie sind ein ideales Opfer.

Wenn Ihnen jedoch Ihre Liebe etwas wert ist und die Zukunft eher im Doppelbett zu Hause als in einem fremden, kalten Hotelzimmer liegt, sollten Sie jetzt Ihre Widerstandskraft stärken, sofort. Die folgenden Tipps sind ein Gegengift gegen die süße Versuchung:

Raus aus dem Spinnennetz. Machen Sie aus dem Tete-à-Tete, zu dem sich die Situation entwickelt, einen Massenauflauf. Na ja, das nicht ganz, aber vergrößern Sie zumindest die Unterhaltungscrew an der Bar, um nicht alleine zu sein mit diesem personifizierten Seitensprung. Indem Sie weitere Gesprächsteilnehmer mit einbeziehen, nehmen Sie der Unterhaltung den intimen Charakter, und Sie können mal wieder woanders hinschauen als nur in dieses tiefe Dekolleté, Pardon, in diese tiefen dunklen Augen und hören andere Stimmen als die, die Ihnen eine Gänsehaut in die Unterhose jagt.

Pegelkontrolle. Bestellen Sie sofort ein Glas Wasser und weiterhin zu jedem Kaltgetränk mit Promille ein weiteres ohne. Das ist gesund und beugt einem Kater sowie drohendem Kontrollverlust vor. Nicht, dass sich der innere Protokollchef für den Rest des Abends verabschiedet.

Spiel verderben. In einer solchen Situation ist man immer versucht, so zu tun, als sei man noch zu haben, um seine Chancen zu testen. Widerstehen Sie dem Wunsch und erzählen Sie von Ihrer tollen Partnerin. Das stärkt Ihre Widerstandskraft und wirkt wie ein Warnsignal auf die Dame. Viele Frauen lassen dann schon aus Solidarität mit der Geschlechtsgenossin locker. Bei anderen weckt gerade das den Jagdinstinkt, aber das kann man dann auch verschmerzen, denn Sie haben sich mit der naturgetreuen Schilderung ja auch vergegenwärtigt, was auf dem Spiel steht: die tollste Frau der Welt. Die zu Hause.

Charmedefensive. Sie würden Ihren Naturcharme natürlich gerne offensiv spielen lassen, denn Flirten macht Spaß. Wenn Sie aber auf eine echte Traumfrau treffen, sollten Sie erst gar nicht damit anfangen – je länger Sie an der Schönen herumbaggern, desto schwieriger wird es nämlich, aufzuhören.

Wenn man bei einem Angriffs-Spiel viel Charme investiert, will man am Ende wissen, ob man gewinnen kann. Was jedoch, wenn man siegt und sich die Dame bereitwillig zu einem legt? Viel riskiert, viel gewonnen, zugleich viel verloren?

Selbstdefinition. Manche Männer definieren Untreue als Selbstverwirklichung, wie Wilfried Wieck im Buch «Die Erotik des Mannes» erläuterte. Das Motto: Ein Mann lässt sich nicht einschränken, sonst ist er ja eine Memme. Machen Sie sich klar: Niemand schränkt Sie ein, Sie haben freie Wahl – aber eine bessere Alternative.

Stressfaktor genervte Frau

Sie ist total genervt, von einem Kollegen, ihrer Mutter, einer Freundin. Demzufolge besteht das Nervenkostüm der Lady nur noch aus Luftmaschen. Was tun? In einer Umfrage zum Thema «Was hält Ehen zusammen?» von Psychologieprofessor Klaus Schneewind und Eva Wunderer von der Universität München zeigte sich: Besonders für Frauen ist in einer Beziehung entscheidend, wie stark Sie sich durch den Partner unterstützt fühlen. Das können Sie tun:

Zuhören. Eine Frau kommt redend zur Ruhe, auch wenn das paradox klingt. Diese Strategie ist für Männer unverständlich, denn ihnen hilft eher Stille, wenn sie im Stress sind. Der Trick ist: Sie redet sich im Parlando den Müll von der Seele, das erleichtert. Dann wühlt die Dame noch ein bisschen darin herum und findet nach einer Weile ein Körnchen Gold oder einen klärenden Gedanken. Sie müssen dabei gar nicht viel tun, nicht viel sagen, nur ein Gedankenforum schaffen. Die Liebste wird Ihnen ewig dankbar sein, denn das empfindet eine Frau als die wertvollste Form der Unterstützung.

Einspringen. Sie meldet Ansprüche an, dass Sie als guter Partner nun mal etwas mehr für sie (und damit die Beziehung) tun müssen. In der Stressphase kann das mehr Putzen, mehr Einkaufen, mehr Sozialleben organisieren bedeuten. Auch wenn es nervt, das ist eigentlich ein gutes Zeichen, denn Psychologe Schneewind sagt über diese Ansprüche: «Je mehr Gemeinsamkeit, Gleichberechtigung und Engagement die Partner einfordern, desto zufriedener sind sie in der Ehe.» Und: «Solche stark auf die Partnerschaft hin orientierten Ansprüche führen dazu, dass sich die Partner in Stresssituationen gegenseitig unterstützen.» Also legen Sie sich nicht auf die faule Haut – erkennen Sie, dass Ihre praktische Unterstützung Not tut. Sie wissen ja auch: Eine Hand wäscht die andere, es kommen auch andere Zeiten.

Die althergebrachten Rollenmodelle unterstützen übrigens die Frauen in dem Glauben, sie müssten alles organisieren, den Job, den Haushalt, das Privatleben – und dann sind sie sogar noch gestresster. Das zeigte der Soziologe Professor Hans-Peter Blossfeld von der Universität Bielefeld in einer Studie mit 2000 Paaren in zehn verschiedenen Ländern. Auch Guy Bodenmann sagt, dass es wichtig ist, «Aufgaben und Tätigkeiten an der Partner zur vorübergehenden Entlastung abzutreten». Manche Frau muss aber erst lernen, guten Gewissens zu delegieren und Hilfe anzunehmen. Zwingen Sie die Dame dazu, um sie zu entstressen. Notfalls müssen Sie die Haushalts-Aktionistin sogar dazu überreden, die Beine hochzulegen («so, Schatz»), und dann ab mit Ihnen an den Herd (oder ans Telefon – wofür gibt es Bringdienste).

Stressfaktor potenzierter Druck

Wenn beide Partner am Leistungslimit liegen, bedeutet das Stress hoch zwei für die Beziehung, die Belastung potenziert sich. Jetzt haben beide das Problem, dass von außen eine Menge gefordert wird und Kraft für die Liebe fehlt. Am bedrohlichsten ist, dass Stress die gemeinsame Zeit reduziert, was intensiven Austausch verhindert und das Wir-Gefühl unterhöhlt. Guy Bodenmann von der Uni in Fribourg erklärt: «Die gemeinsam verbrachte Zeit als wichtige Grundlage für das Funktionieren einer Partnerschaft fehlt.»

Bei allem Stress sollten Sie versuchen, **Kontakt zu halten** und nicht nur hektisch aneinander vorbeizurauschen. Bodenmann meint: «Sorgen, Probleme und intime Gesprächsinhalte lassen sich nicht zwischen Tür und Angel ansprechen, sondern brauchen … Raum und Zeit, in der sich die Partner begegnen und emotional austauschen können.» Der Forscher hat herausgefunden, dass in Stresszeiten die Qualität der Kommunikation um 40 Prozent abnimmt. Es werden weniger positive Kommunikationssignale gegeben und mehr negative Äußerungen gemacht, denn wenn man nicht mehr nachvollzieht, was den anderen bewegt, entfernt man sich rasend schnell voneinander, das Leben, die Gefühlswelt des anderen wird im Nu fremd. Es kommt zu einem Teufelskreis von «nichts erzählen, nichts hören» und «nichts mehr über den anderen wissen» über «den anderen nicht mehr verstehen» bis hin zu «keine Bindung mehr empfinden». Also muss man speziell in solchen Zeiten die Kommunikation stärken.

Ruhe planen. Ein Tipp von Professor Bodenmann: Beide Partner, so der Forscher, sollen «allein und als Paar stressfreie Inseln aufbauen, das heißt Zeiten definieren, an denen sie Zeit für sich und einander haben und die das ‹Aufladen der Batterien› ermöglichen.» Behalten Sie also gemeinsame Aktivitäten wie den entspannenden Saunagang, das ruhige Abendessen, die Squashpartie, das Frühstück im Bett, oder was auch immer Ihre Lieblingsbeschäftigung zu zweit ist, unbedingt bei.

Ballast abwerfen. Machen Sie deutlich, dass die gedrückte Stimmung nichts mit der Beziehung zu tun hat, und erzählen Sie sich gegenseitig alles, was nervt. Werten Sie Aussagen der Partnerin nicht und bieten Sie nur Lösungen an, wenn Sie darum gebeten werden. So bleiben beide vorurteilsfrei dran am Leben des anderen.

Ansprüche überprüfen. Seien Sie realistisch mit Anforderungen, die Sie an sich stellen. Behalten Sie im Blick, dass nicht alles perfekt laufen muss, **verringern** Sie vor allem die **Alltagsbelastungen**. Damit kann man Stress reduzieren, ohne viel zu opfern. Machen Sie nicht, was machbar ist, sondern nur, was unbedingt nötig ist, zum Beispiel im Haushalt, der Familie gegenüber, für Freunde, an Aktivitäten, auch im Job. Am besten, Sie setzen sich mal zusammen und organisieren die Alltagspflichten (weg).

Lernen Sie, locker zu lassen. Vielleicht noch ein offensichtlicher Punkt am Schluss: Denken Sie darüber nach, ob der gefühlte Druck von Stress kommt, den Sie haben, oder von Stress, den Sie sich selbst machen. Ist die Sache den Aufwand wert? Geht es auch anders? Die individuelle Stressbewältigung strahlt auf die Partnerschaft aus, und deshalb sollte man die eigenen Kompetenzen im Umgang mit allen Belastungen verbessern. Welche Ihrer Aktivitäten sind also ganz wichtig und welche können Sie delegieren, weglassen oder lockerer sehen. Oder Sie starten mit Yoga oder Ausgleichssport. Hauptsache, Sie lernen entspannen, denn davon profitiert die Liebe.

Stressfaktor Kritik von außen

Das gibt es leider immer wieder: Irgendjemand im Freundeskreis oder in der Familie eines Partners findet Ihre Liaison daneben und behält das nicht für sich. Manchmal hält der Herr Papa Ihre Liebste für nicht standesgemäß, die Mama der Gegenseite hätte sich einen anderen Schwiegersohn gewünscht, die kleine Schwester zickt, der große Bruder meint, beschützen zu müssen, ein Freund kritisiert, dass Sie sich zu sehr veränderten. Alle nennen lapidare Gründe (Vorurteile, eigene Idealvorstellungen, Eifersucht, Angst vor Veränderung, Vergleiche mit dem oder der Vorgänger/in). Alle denken an sich, aber keiner denkt an Sie – Sie sind nämlich glücklich. Guy Bodenmann warnt: «Faktoren des persönlichen Lebensumfeldes» wie «soziale und familiäre Unterstützung ... können Beziehungen fördern und behindern». Extrem hinderlich wirkt eben auch mangelnde Akzeptanz eines Partners durch den Freundes- oder Familienkreis. Dieses äußerliche Problem steht plötzlich im Zentrum der Beziehung.

Wenn das passiert, haben Sie angesichts der Anfechtungen von außen nur eine Wahl, nämlich **zusammenhalten** und **vorwärts verteidigen**. Egal wer etwas gegen sie sagt oder sie ausgrenzt, Sie ergreifen Partei für die Liebe und nehmen die Partnerin in Schutz. Derjenige soll wissen, dass er sich mit seiner undifferenzierten Kritik gegen Sie stellt. So laufen die Angriffe ins Leere.

Innerhalb der Partnerschaft sollte man die **Prioritäten**, die man setzt, glasklar **aussprechen**: Der Partner muss die Nummer eins sein, er ist die Zukunft und die wichtigste Bezugsperson, und dafür muss man sich einsetzen, das gilt für beide Seiten – und auch, wenn zum Beispiel eine Mama versucht, Einfluss zu nehmen. Wackelkandidaten gefährden ihre eigene Zweierseilschaft und bringen sie an den Rand des Absturzes.

Wenn Sie am Anfang Ihrer Partnerschaft sind und sich selbst noch nicht so sicher sind, sollten Sie frühe Kritiker erst einmal **meiden**, denn deren unberufenes Gerede, dumme Bemerkungen oder feindselige Begegnungen schaden dem zarten Keim Ihrer Liebe. Lassen Sie sich **nicht manipulieren, und hinterfragen Sie** deren Argumente und Kommentare. Denken Sie zuerst über die Beweggründe nach, die jemanden dazu bringen, etwas so Negatives zu äußern, Beispiele siehe oben. Erst dann sollten Sie den Inhalt der Kritik vorsichtig in Erwägung ziehen.

Stressfaktor Streit

Streit ist ein Symptom, nicht die Ursache von Zweierproblemen. Meist steht etwas anderes als das lapidare Auslöser-Thema hinter dem Disput, oft Unzufriedenheit mit dem Job, der Lebenssituation oder Veränderungen in einer Freundschaft. Die allererste Aufgabe für beide ist daher, die **wahre Ursache der Streits zu erkennen**. Warum stört plötzlich etwas, was früher egal war? Welche Gefühle stecken dahinter? Was ist überhaupt los? Darüber müssen Sie reden, notfalls auch diskutieren, statt sich an banalen Alltagsthemen aufzureiben.

Stressfaktor Veränderung

Vielleicht hat sich auch einer von Ihnen verändert, und die neuen Gewohnheiten oder Wünsche bringen Reibung ins Zusammenleben. Eigentlich ist es ja schön, wenn man sich entwickelt. Schwierig wird's jedoch, wenn das nicht synchron läuft (und das ist meistens so), wenn der eine die Veränderung nicht nachvollziehen kann und unglücklich ist mit den neuen Prioritäten des Partners. Vielleicht kann man diese Lebensentwicklungen Sollbruchstellen nennen, an denen sich äußere (und innere) Umstände ändern und es nach einer Weile merkwürdig kracht im Getriebe.

Beispiele für diese gefährlichen Situationen gibt es genug, etwa ein Umzug in eine andere Stadt, ein Karriereschritt, der Zusammenzug in eine gemeinsame Wohnung, eine lange Krankheit, ein Baby, das kommt oder ein Elternteil, der geht. All das zieht eine Veränderung der Lebenssituation, der Anforderungen und Bedürfnisse und der Persönlichkeit nach sich. Das verläuft zunächst unmerklich, bis man eines Tages denkt: «Hoppla, was war denn das?» (oder die Partnerin denkt «Hoppla …»), weil einer von beiden etwas anders macht, andere Prioritäten setzt, Bedürfnisse äußert, die man vorher nicht kannte. Plötzlich stellt man fest: Es ist nicht mehr so, wie es war.

Nun kann man in so einer Situation nicht fordern: «Es soll werden wie früher», obwohl mancher den Satz schon gehört oder gesagt hat. Das funktioniert einfach nicht. Das Leben ist ein langer Fluss (wer hat da etwas von «ruhig» gesagt?), und Sie erreichen gerade neue Gewässer. Gewisse Veränderungen muss man **akzeptieren**, bei anderen kann man sanft versuchen, **umzusteuern**. Wenn ein Elternteil stirbt, fühlt sich der eine unsicher und braucht Unterstützung, der andere dagegen muss sich zurückziehen, weil er seine Welt neu ordnen muss. Auf beides muss der jeweilige Partner reagieren. Wird die Partnerin etwa zur Übermutti, hilft nur sie zu unterstützen und stundenweise vom Baby-Job zu befreien, damit Sie wieder auf andere Gedanken kommt. Bei einem neuen Job sollte man beispielsweise nachvollziehen (oder vermitteln, je nach dem), was sich in der Gedankenwelt, der Zielorientierung geändert hat.

Im Grunde geht es immer um Entfremdung, die sich bei Veränderung einstellt, und da hilft es nur, den **Austausch** zu intensivieren, um wieder mehr Gemeinsamkeit zu erreichen. Wertvoll ist außerdem folgender Rat: Wenn eine der angesprochenen Änderungen sich in Ihrem Leben anbahnt (Kind, Umzug, neuer Job, und so weiter), können ruhig schon einmal vorab davon ausgehen, dass auch sich einiges in der Beziehung verändern wird und dass eine Durststrecke vor Ihnen liegt. Wer das **voraus sieht**, stellt sich darauf ein. Das ist wie mit Schlaglöchern: Wenn man genau guckt und sie sieht, fährt man um sie herum oder langsam durch, wenn man sie nicht gesehen hat, fährt man voll rein. Ersparen Sie der Beziehung einen Achsbruch.

Die heimlichen Warnsignale der Frauen: Ist die Beziehung am Ende oder ist das etwa normal?

Das fällt auch unter die Rubrik Risikofaktor für die Beziehung: Ihre Freundin verhält sich neuerdings komisch. «Was ist jetzt los?», fragen Sie sich. Sind die merkwürdigen Aktionen nun ein Warnsignal dafür, dass Sie sie nicht mehr liebt oder bedeutet das Ganze gar nichts? Für Männer, die sicher gehen wollen, gibt es hier eine Liste mit Verhaltensweisen und jeweils einer Einschätzung, was okay ist, was bedenklich und was unmöglich.

Sie nörgelt an Ihnen herum

Okay: Sie kritisiert ganz schön viel, Ihre Klamotten, Ihre Manieren, die Sauberkeit des Autos und Ihre Einrichtung. Das bedeutet jedoch nichts anderes, als dass die Liebste Sie für den Richtigen hält – Ihnen aber noch den letzten Schliff geben möchte, denn es handelt sich um leicht veränderliche Äußerlichkeiten. Sagen Sie Ihr, was Sie eventuell zu ändern bereit sind, und was die Partnerin auf Dauer akzeptieren muss. Das steht dann fest, sie darf an diesem Punkt nicht weiternörgeln. Sie sagen ja auch (fast) nichts mehr zu Ihren Schuhtick.

Bedenklich: Anstrengend wird es, wenn das Genörgel überhand nimmt und die Dame praktisch alles doof an Ihnen findet, ziemlich verletzend auch, wenn die Partnerin Sie ständig mit anderen vergleicht. Fragen Sie ruhig und konkret, was sie überhaupt noch gut findet, dann wissen Sie, woran Sie sind. Prüfen Sie auch, ob sie noch zu schätzen weiss, was Sie für die Dame tun und lassen. Achtung auch, wenn jemand penetrant an Kleinigkeiten herummeckert, dann ist womöglich nicht mehr viel Gefühl für Sie da.

Unmöglich: Sie lässt kein gutes Haar an Ihnen – ständig *und* vor anderen!

Sie lässt sich gehen

Okay: Bademantel am Sonntag, sie schminkt sich nicht mehr so oft und ist manchmal unfrisiert. Gratulation, das bedeutet, die Liebste fühlt sich wohl bei Ihnen, wie sie ist. Sie freut sich, dass sie nicht immer und überall das perfekte Weibchen geben muss und weiss: «Er liebt mich, auch mit meinen kleinen Fehlern.» So soll das sein, das ist Liebe. Wenn Sie sie frisch und frisiert möchten, baden Sie mit ihr, wünschen sich «mal wieder das kleine Schwarze, bitte» und schleppen die Lady in eine tolle Bar. Sie wird sich bei auf Wunsch sicher gerne mal wieder dramatisch schön machen. Nur für Sie.

Bedenklich: Die Partnerin wird ziemlich dick oder nur noch sehr einseitig interessiert und kümmert sich um nichts anderes mehr. Wenn eine Frau nur noch Essen, das Kind, der Job, der Haushalt oder der Fernseher interessiert, zeigt das eine gewisse Weltflucht – diejenige ist unglücklich mit sich und der Welt und braucht Hilfe. Man sollte ihr Verständnis und Beistand geben, verbunden mit der eindringlichen Bitte, aktiv zu werden, via Beratung vom Psychologen, Weight Watchers oder Ernährungsberatung. Wichtig ist, dass Sie mit sich reden lässt und Konsequenzen zieht.

Unmöglich: Wenn die Partnerin nicht einmal zugibt, dass da ein Problem besteht, ist Hopfen und Malz verloren. Dann wird sie auch nicht bereit sein, jemals etwas zum Guten zu verändern.

Sie trifft andere Männer

Okay: Die Partnerin trifft – mal – den Ex, vielleicht will sie die alte Beziehung bewältigen oder Kontakt halten. Ebenfalls kein Problem sollte es sein, wenn die Dame sich mit guten Freunden verabredet, auch mal alleine – solange die Liebste überwiegend mit Ihnen ausgeht und es Ihnen beiden Spaß macht.

Bedenklich: Sie trifft einmal die Woche (oder mehr, natürlich) einen bestimmten Freund, Kollegen. Unbequem kann es auch werden, wenn aus einem beruflichen oder freizeitorientierten Kontakt (er ist in ihrem Spanischkurs) der Liebsten auch ein privater wird und Sie nicht geladen sind. Vorsicht jetzt, dranbleiben, und bloß nicht nachlassen. Sie sollten der wichtigste Mann in ihrem Leben sein und bleiben. Andernfalls stimmt was nicht.

Unmöglich: Sie trifft einen Mann insgesamt öfter als Sie und erzählt vor allem wenig davon und dann immer dasselbe («Nett, wir verstehen uns halt gut»). Gehen Sie besser mit, sooft Sie können. Verbieten hilft nicht, das ist lächerlich und würde eh nichts ändern, egal ob da etwas läuft oder nicht.

Sie flirtet – mit anderen!

Okay: Es ist nicht gerade nett, kann aber normal sein, wenn sie es verbal tut und vor Ihren Augen – das fädelt sie so ein, dass Sie es merken (sollen). Überraschenderweise beweist gerade die Tatsache, dass Sie dabei zuschauen dürfen, dass diese Frau Sie liebt, denn die offensichtlich fremdflirtende Partnerin will Sie ein wenig eifersüchtig machen und aus der Reserve locken. In Wahrheit vermisst sie die Romantik in der Beziehung und würde liebend gerne mit Ihnen turteln, das versucht sie Ihnen über diesen Umweg mitzuteilen. Doofe Idee, aber reagieren Sie deshalb nicht mit Eifersucht, sondern lieber mit Charme und umwerben Sie die Liebste. Das ist das Gefühl, nach dem sie sich sehnt. Den anderen Kerl vergisst eine liebesbedürftige Frau schneller, als Sie piep sagen können.

Bedenklich: Wenn die Partnerin mit Vollkörpereinsatz andere Männer anmacht, vor Ihren Augen. Na, die ist wirklich unzufrieden und will Sie unbedingt auf die Palme bringen. Entweder, weil Sie verzweifelt Ihre Aufmerksamkeit erringen will, oder um Sie zu brüskieren. Regen Sie sich in dem Moment nicht auf, lassen Sie die Provokation lieber ins Leere laufen, nehmen Sie sie in den Arm. Fragen Sie am nächsten Tag ruhig und bestimmt, was das sollte – und dass sie das besser lassen soll.

Unmöglich: Verbal, mit Vollkörpereinsatz, vor Ihren Augen. Die Frau hat ein Problem, und Sie auch. Wenn Sie nett sind, fragen Sie nochmal nach, was sie bezweckt, sonst gehen Sie. Das muss sich kein Mann bieten lassen.

Sie ist plötzlich so experimentierfreudig beim Sex

Okay: Sie probiert etwas Neues mit Ihnen aus. Ist Sie unzufrieden? Vielleicht, aber Sie tut etwas dagegen, das ist das Gute. Suchen Sie mal, ob Sie im weiblichen Zeitschriften- und Bücherstapel einschlägige Lektüre finden mit einer Anleitung für besseren Sex. Lesen Sie es auch, um auf dem gleichen Wissensstand zu kommen. Oder hat Sie gerade Ihren Eisprung? Das sind Frauen besonders aufgeschlossen. Egal was, machen Sie mit und sagen Sie ihr, dass Sie das gut finden.

Bedenklich: Sie experimentiert, aber nur alleine. Das wissen Sie, weil die Liebste neulich heimlich (das dachte sie jedenfalls) ein interessantes Gerät für Solo-Sex gekauft hat, aber die Sexwelle kommt nicht im gemeinsamen Bett an. Die Dame reagiert auch nicht offen auf diesbezügliche Anregungen von Ihnen. Dahinter steckt meist Unzufriedenheit mit dem gemeinsamen Sexleben, aber sie sieht keinen Weg, das gemeinsam zu ändern. Zeigen Sie ihr einen, reagieren sie, das darf nicht so weitergehen, sonst leben sie sich sexuell auseinander.

Eine andere Sache ist es, wenn die Partnerin plötzlich die offensive Frage stellt: «Willst du einen Porno mit mir gucken?» Sagen Sie nie vorschnell, «au ja», denn die Listige will wahrscheinlich nur Ihre Reaktion testen. Sie sollten Ihre wahren Ansichten erst gestehen, wenn Sie wissen, was welche Hintergedanken die Dame hat.

Unmöglich: Die letzten Monate war es lau, doch plötzlich inszeniert sie sich gnadenlos und verführt Sie nach allen Regeln der Kunst. Achtung, das könnte Ihr letzter Sex mit dieser Frau sein, denn am Schluss der Beziehung laufen Frauen zu großer Form auf, damit die Verflossenen sie als tollste Liebhaberin aller Zeiten in Erinnerung behalten.

Sie verändert sich stark

Okay: Mal eine neue Frisur, mal ein neuer Look, das ist normal, das machen Frauen eben so. Sie erfinden sich äußerlich immer mal wieder neu, auch um sich und den Partner nicht zu langweilen. Seien Sie doch froh, Mann!

Bedenklich: Sie renoviert sich nicht nur äußerlich, sondern nimmt auch gleich die Wohnung in Angriff. Das heißt, sie will Dinge, ihr Leben ändern. Finden Sie heraus, wo genau Ihre Unzufriedenheit herrührt. Das kann positiv sein oder auch negativ. Am gefährlichsten ist es jedoch, wenn Sie die Zeichen nicht sehen und nicht darauf reagieren.

Unmöglich: Sie krempelt gerade ihr ganzes Leben um? Neue Frisur, Figur, Klamotten, Wohnung, Job, Freunde? Achtung, als Nächster sind Sie dran.

Sie problematisiert die Liebe – sehr

Okay: Sie will viel diskutieren. Das ist normal, sie ist schließlich eine Frau.

Bedenklich: Liegen gleich mehrere Beziehungsratgeber auf einmal in der Wohnung herum? Besser, Sie werfen auch mal einen Blick hinein. Was ist das Hauptthema? Je nachdem, sprechen Sie es an, so lang's noch etwas zu besprechen gibt.

Unmöglich: Dauerkrieg. Das hält man nicht aus. Oder das Gegenteil davon, die Frau redet gar nicht mehr mit Ihnen über die Beziehung. Das ist das schlimmste Stadium – dann hat sie die Sache schon aufgegeben.

Richtig Schluss machen

Nun kann es ja auch sein, dass Sie diese Liebe selbst für tot erklären, es sprechen einfach zu viele Anzeichen dafür, dass Sie kein gutes Paar mehr sind. Also kommen Sie zum Schluss, dass Schluss sein muss. Machen Sie sich es jetzt bitte nicht zu leicht, sonst wird die Sache nur schwer. Männer sagen im emotionalen Notstand oft Sätze, mit denen sie den Trennungsprozess erleichtern wollen, was aber nur zu weiteren Komplikationen führt, weil man damit eine negative Überreaktion der Frauen provoziert: Entweder die Frau begreift oder glaubt Ihnen nicht, dass Sie die Beziehung tatsächlich beenden wollen, oder sie fühlt sich betrogen. Entweder trägt Sie Ihnen ihr Herz weiterhin bedingungslos hinterher und verfolgt Sie mit klebriger Liebe, oder die Enttäuschte schwört Rache. Das gibt Telefonterror oder Stress, weil die Ex unschöne Dinge herumerzählt oder gar handgreiflich wird (Ihr Wagen! Ihre Wohnung! Ihr Freundeskreis!).

Egal, was Sie tun, die Verlassene ist mit Sicherheit in ihrem Selbstwertgefühl verletzt. In diese frischen Ego-Wunden sollte man nicht mit unaufrichtigen oder undeutlichen Aussagen noch Salz streuen. Spielen Sie deshalb lieber mit offenen Karten und umgehen Sie diese vier typischen Fallen:

Falle 1: Gut gemeinte Lüge

Kann sein, dass die Lüge es ihr leichter machen soll, kann auch sein, Sie wollen sich noch Stress ersparen. Beides werden Sie nicht mit einer Lüge erreichen. Sagen Sie die Wahrheit, die ganze, und nichts als das, auch wenn's wehtut. Zartfühlende Männer wollen Ausgeliebten oft mit «Ich will meine Freiheit» den Nachsatz «… von dir – denn ich liebe jetzt Sabine» ersparen. Irgendwann kriegt sie alles mit, Ex-Freundinnen sind bekannt für ihre Hartnäckigkeit, und dann ist Krieg.

Falle 2: Falsche Begründung

Aus welchen Gründen gehen Beziehungen zu Ende? Tausend Ursachen? Nein. Genau genommen gibt es nur einen einzigen Grund: Die Liebe ist abhanden gekommen, gemeinerweise nur einseitig. Also begründen Sie das auch so, denn an dieser Tatsache gibt es nichts zu deuten. Alle anderen vorgeschobenen Argumente von wegen ‹passt nicht mehr so gut›, ‹habe zu wenig Zeit›, ‹andere Prioritäten›, ‹fühle mich nicht mehr so wohl›, ‹muss mich mehr um den Job kümmern› sind nicht wahr und nicht überzeugend, das wissen Sie selbst. Solche Falsch-Aussagen lassen sich außerdem stets im Sinne der Dame umdeuten, sind entkräftbar oder diskutierbar. Sie wird zum Beispiel antworten mit ‹es passt doch›, oder ‹macht nichts, wenn du wenig Zeit hast, das kann sich ja wieder ändern› ... Wollen Sie noch diskutieren? Nein? Dann nennen Sie die harte, aber wahre Begründung.

Falle 3: Schwammige Aussagen

Nichts ist schlimmer als eine Frau, die hofft, Sie zurückgewinnen zu können. Sie ruft an, sie kommt vorbei, sie schickt Briefchen und Päckchen und zieht detektivisch Erkundigungen über Sie ein. Plötzlich besucht Sie ständig ihre Mutter, den besten Freund, taucht in Ihrem Fitness-Studio oder Lieblingsclub auf. Die Ex will nicht verstehen, dass es für sie nichts mehr zu holen gibt. Das passiert nur Männern, die nicht klipp und klar geäußert haben, dass alles vorbei ist. «Vielleicht» deutet eine Enttäuschte nämlich als «wahrscheinlich», ihr Wunsch, sie «erst einmal» nicht mehr zu sehen, wird zu «bald wieder». Geben Sie ihr also keinen Anlass zur Hoffnung und agieren Sie eindeutig. Ihr Text muss lauten: «Es ist aus. Wir sollten uns nicht mehr sehen.»

Falle 4: Wir sind jetzt gute Freunde

Schminken Sie sich das für einige Monate ab, bis beide das Beziehungsende verdaut haben. Einen Freundschaftsplan mitten im Trennungsgespräch zu vereinbaren, führt allenfalls zu falschen Hoffnungen, siehe oben. Die Dame lügt außerdem, wenn sie behauptet, sie könnte Ihnen jetzt und sofort eine gute Freundin sein. Wenn Ihre Gleich-Ex noch verliebt ist, wird sie das Deckmäntelchen der Freundschaft nutzen, sie weiterhin sehen zu dürfen und viel von Ihnen zu erfahren, was keine gute Basis für eine Freundschaft ist, sie tut sich dabei auf die Dauer mächtig weh. Die beste Strategie, um wirklich Kontakt zu halten ist, ein festes Treffen zu vereinbaren – der Termin ist aber erst in einigen (mindestens drei bis vier) Monaten. Dann kehrt erst einmal Ruhe ein, zugleich können Sie zeigen, dass Sie den Kontakt halten möchten, aber Sicherheitsabstand brauchen.

7. Damit es weiter

Tipps für mehr Sex und Leidenschaft

prickelt:

Es geht nicht darum, in der Erotik schneller besser weiter zu kommen – das entspricht nicht ihrem Wesen – sondern um Wege, wie man auf partnerschaftliche Weise für beide befriedigenden Sex haben und behalten kann. Ein ehrliches Wort vorweg: Es kann spannend bleiben, aber es bleibt nie so überwältigend wie am Anfang. In den ersten Monaten einer Beziehung ist der Sex wie in 9 ½ Wochen, abwechslungsreich, experimentell und jeder Winkel der Wohnung ist gerade dafür recht. So prickelnd wie damals wird es aber nie wieder, denn diese aufgeregte Qualität der Eroberung einer Unbekannten kann man nicht nachstellen. Zum Glück gewinnt die körperliche Liebe dafür andere Qualitäten, man ist eingespielt, vertraut, weiß, was der Partner besonders mag, man muss nicht mehr viel erklären, ist innig und sich emotional nah.

Nach einem Weilchen wird man trotzdem ein wenig faul, gerade weil man Sex immer haben könnte. Man bekommt das Gefühl, man könnte ihn verschieben, macht ja nichts, morgen ist auch noch ein Tag. Es macht aber doch was. Die sexuelle Zeitverschiebung geht auch oft von Frauen aus, die «ach, jetzt nicht, Schatz» flüstern, weil sie ihre Lieblingssoap gucken wollen. Das macht es Männern schwer, denn sie müssen dann wieder und wieder fragen. Außerdem lässt die Experimentierfreude nach, man kennt die Autobahn zum Orgasmus, warum soll man da noch gewundene Nebenpfade suchen? (Wegen der besseren Aussicht, ist doch klar. Und weil es um den Weg geht, nicht das Ziel, oder wie sehen Sie das?)

Man kann einen bereits eroberten Kontinent nicht mehr neu entdecken – aber kann trotzdem weiterhin viele schöne Ecken auskundschaften und die bezaubernden Landschaften genießen. Man muss nur ein bisschen dafür tun, vielleicht ein paar der hier angebotenen Szenarien ausprobieren, praktische Ideen für mehr praktizierte Liebe.

Zuerst aber werden noch wichtige Fragen zur Sexualität der Frauen beantwortet, zugegebenermaßen bittere Pillen für spaßorientierte Männer, aber das Konzept lautet bekanntlich: Vorsprung durch Wissen, denn erst dann kann man optimal reagieren und die Bedürfnisse beider Partner optimal in Einklang bringen. Und viel, viel mehr Spaß miteinander haben.

Wahrheiten über Frauen und Sex

... Frauen wollen weniger Sex (Teufelskreis des Sexwollens)
... Frauen ergreifen selten(er) die Initiative
... Frauen kommen nicht immer
... Frauen kommen nicht immer mit
... Frauen wissen nicht, was sie wollen

Frauen wollen weniger Sex (auf die lange Sicht)

Am Anfang wollen «es» beide dauernd, doch mit der Zeit verliert die Frau den Drang zum Koitus. Sie hat Migräne, ihre Tage, keine Zeit, ist müde. Wollen Frauen gleichviel Sex wie Männer? Im Durchschnitt und auf die Dauer: Nein. Das klingt zwar abgeschmackt, und die rühmlichen weiblichen Ausnahmen (Haben Sie eine? Glück gehabt!) werden widersprechen. Das Problem ist, der Sachverhalt trifft auf die Durchschnittsfrau zu, das ist wissenschaftlich erwiesen. Der Medizinpsychologe Dietrich Klusmann von der Universitätsklinik Hamburg-Eppendorf hat in einer großen Untersuchung gezeigt: Bei Frauen geht die Lust auf Sex im Lauf der Partnerschaft zurück, bei Männern bleibt das Begehren gleich oder nimmt sogar zu. Diese Diskrepanz sorgt natürlich für Frust – auf beiden Seiten.

Klusmann wertete eine Befragung von 1865 Studenten und Studentinnen an verschiedenen Universitäten aus. Die Sexhäufigkeit von Paaren nahm mit der Zeit ab: Etwa zwei Drittel der frisch Verliebten schliefen im Monat vor der Umfrage mehr als siebenmal miteinander, diesen Wert erreichten nach drei Jahren Partnerschaft nur noch ein Drittel der Paare. Der laut Forscher wahrscheinliche Grund für den Rückgang ist, dass das sexuelle Verlangen bei Frauen nachlässt, denn 65 Prozent der Frauen (und 76 Prozent der Männer) im ersten Jahr der Partnerschaft gaben an, genauso oft Sex zu wollen wie ihr Partner. Drei Jahre später beschrieben sich 76 Prozent der Männer immer noch als der aktive oder gleich aktive Part der Partnerschaft, was nur noch 26 Prozent der Frauen bejahten. Man kann daran eine starke Verschiebung der sexuellen Wünsche zwischen den Geschlechtern ablesen. Bis zum Ende des zweiten Beziehungsjahrs haben beide eine ähnliche Liebesinteressenkurve, dann fällt die der Frauen kontinuierlich ab.

Klusmann denkt übrigens, der Grund für die Entwicklung sei nicht das

Rollenklischee vom aktiven Mann und der passiven Frau, das die Frauen eventuell erfüllen, denn die Frauen sind ja am Anfang gleich aktiv wie die Männer, das spricht gegen die These. Auch das Alter der Frau oder andere statistische Erklärungsmotive lieferten laut Klusmann keine stichhaltige Begründung. Er schlägt eine evolutionspsychologische Erklärung vor: Männer sichern den Reproduktionserfolg durch permanenten Sexnachschub, Frauen dagegen binden die Männer am Anfang durch die erotische Aktivität an sich und mögen sich danach im Bett nicht mehr so abstrampeln.

Im Endeffekt aber treffen die unterschiedlichen Bedürfnisse im Lauf der Partnerschaft immer wieder aneinander und sorgen für enormen Frust. Das unbefriedigende – im wahrsten Sinne des Wortes – Ergebnis ist das folgende Dilemma:

Der Teufelskreis des Sexwollens: Wenn zwei unterschiedlich viel Bedürfnis nach Liebe haben, ergibt sich ein permanentes Problem: Er will, sie seltener und was daraus folgt, ist ein sexueller Teufelskreis:

1. Er fragt an.
2. Sie will nicht, eine kleine Abfuhr ist die Antwort.
3. Wenn er öfter fragt, bekommt sie
4. eine Abwehrhaltung, denn sie fühlt sich durch seine Erwartungshaltung unter Druck gesetzt, auch wenn er das gar nicht so meint. Also fährt sie
5. Abwehrstrategien gegen jegliche Annäherung. Er versucht es immer wieder und wird abgewiesen, was er dann
6. frustriert persönlich nimmt. Das ständige Auf-der-Lauer-Liegen des Mannes
7. verstärkt die Unlust auf weiblicher Seite.
8. Und so weiter. Am Schluss läuft gar nichts mehr.

Was man tun kann: Man sollte versuchen, den Teufelskreis frühzeitig abzubrechen, schon bei Stufe zwei oder drei. Fragen Sie nicht öfter nach Sex, fragen Sie lieber, warum sie keine Lust hat. Außerdem hilft oft, die Frau kommen zu lassen statt zu drängeln, mit viel Kuscheln, Geduld und wenig Druck. Sorgen Sie dafür, dass Sie auf die Bedürfnisse der Partnerin eingehen, je besser der Sex für die Dame ist, desto mehr Lust hat Sie, es wieder zu tun. Ist doch logo.

Frauen ergreifen seltener die Initiative

Frauen zeigen weniger Begehren als Männer, das ist ein häufiger Kritikpunkt. Das stimmt in den meisten Fällen und nervt Männer. Wer will schon immer die Initiative ergreifen müssen? Wer will schon da spüren, dass die Partnerin ihn nicht ebenso sehr begehrt wie er sie?

Ein ausgeglichenes Verhältnis wäre toll, aber leider ist das oft schwer möglich, den ersten Grund haben sie im vorigen Abschnitt gehört, sie will weniger. Der zweite Grund ist sozialer Natur: In Frauenköpfen (und nicht nur dort, auch in der Gesellschaft generell) herrscht immer noch die Meinung, dass eine Frau, die Begehren zeigt, minderwertig ist. Die Psychotherapeutin Gisela Runte sagt in einem Gespräch mit der Zeitschrift «Psychologie Heute»: «Frauen, die ihr Begehren offen zeigen, laufen immer noch Gefahr, pathologisiert zu werden oder sich der Lächerlichkeit preiszugeben.» Das war über Jahrtausende so, aber auch heute noch werden Begriffe wie «Partyluder» geprägt, die in diese Kerbe hauen. Ein männliches Pendant dazu gibt es nicht, der Partylöwe und Playboy ist eher ein toller Hecht, ein Luder hat keinen guten Ruf. Wenn ein Mann sich durch die Betten von Frauen schläft, gilt das als erfolgreich, tut das eine Frau bei Männern, ist sie eine Schlampe.

Das soll keine feministische Einlassung werden, sondern nur verständlich machen, warum Frauen sich da in der Klemme fühlen: Einerseits sollen sie frauenzeitschriftenmäßig sexuell offen für alles sein, aber wenn sie es dann sind, ist es auch nicht in Ordnung. Deswegen sind auch viele bis an die Ohren voller Hemmungen, was ihre Libido betrifft. Sie als Leser bekommen nur eine Hintergrundinfo, damit Sie wissen, warum die Liebste weniger aktiv mitspielt, als Ihnen lieb ist. Dies ist keine Entschuldigung, aber eine Erklärung.

Was man tun kann: Sie können versuchen, das geheime Begehren der Partnerin vorsichtig zu erfahren, indem Sie sie auffordern, Ihnen zu berichten wovon sie träumt, was sie will. Erfragen Sie ihre Phantasien und Wünsche, nicht beim Sex übrigens, sondern bei anderer Gelegenheit, dann ist es einfacher. Bitte nie über etwas lachen, verurteilen oder die Stirn runzeln, es handelt sich um heikle Geständnisse, etwas Begeisterung wäre wohltuend. Probieren Sie erotische Wünsche mit ihr aus. Wahrscheinlich werden Sie erstaunt und erfreut sein, was da nach und nach herauskommt. So hat eine Frau übrigens auch kaum das Bedürfnis, fremdzugehen, denn Sie kann sexuelle Wünsche mit Ihnen ausleben – und umgekehrt.

Sie können auch Ihre sexuelle Performance loben, zur Verstärkung, denn jeder hört gerne, dass er gut im Bett ist, auch ihre Liebste. Tun Sie es mit Vorsicht, testen Sie, was sie anmacht und was sie abtörnt, weil es für ihre Ohren zu weit geht. Mancher ist «Du geiles Luder» zu heftig, dann murmeln Sie eben «Naturbegabung» in ihr Ohr oder ganz harmlos «Du bist toll».

Weitere Lösungen zu ungleichem Sexbedürfnis finden Sie hier:

Was tun, wenn Madame nicht mag

Sie will gerade keinen Sex. Ein Problem, denn Sie haben Lust auf die Liebste, aber keine Lust, abgewiesen zu werden. Diese Möglichkeiten sollten Sie bedenken:

a) Verlangen formulieren

Es hilft nichts, immer nur anzudeuten, dass sie mal wieder möchten, mit Küssen und irgendwo hinfassen. Jede Frau denkt dann: «Das sagt er jetzt nur, um mich rumzukriegen», und verliert die Lust. Sagen Sie Ihr also ab und zu jenseits des Sex-Kontexts von Bett und Bad, dass Sie sie begehren, vom Haaransatz bis zur kleinen Zehe. Da fühlt sie sich nicht bedrängt, sondern geehrt. Es zeigt Ihr echtes Interesse und weckt dasselbe in ihr, aber nicht nach Ihrem Intellekt, sondern nach Ihrem Körper. Und das wollen Sie ja.

b) Verführen nicht vergessen

Manchmal kommen Männer, wenn sie Sex wollen, nur noch irgendwie von links unten angeschubbert, oder es fällt ihnen hauptsächlich vor dem Einschlafen ein, dass sie jetzt Liebe machen könnten, oder nur beim Aufwachen. Dann fassen die phantasielosen Kerle der Frau an die Brust oder gleich in den Schritt. Brrr. Das ist für eine Frau ungefähr so aufregend wie die Lektüre des Telefonbuchs. Sie möchte nicht koitieren, weil es gerade Zeit dazu ist, sondern weil sie geliebt wird, weil eine Stimmung eintritt, nicht eine Uhrzeit. Seien Sie als Liebhaber also unberechenbar, erzeugen Sie die Stimmung nicht (nur) zur erwartbaren Zeit, sonst kann die Partnerin die Uhr danach stellen. Das Wesen der echten Verführung ist, die Liebste in Stimmung zu bringen. An Aufwand dabei sollte man nie sparen.

c) Kommen lassen

Sie will nicht? Dann sollten Sie sich in Geduld üben. Wer den Druck rausnimmt, bekommt immerhin keine Abwehrhaltung mehr zu spüren, sondern < vielleicht wieder mehr Interesse. Stellen Sie sich vor: Sie stehen sich gegenüber, sie drücken gegen sie, die Dame gegen Sie, wie bei einer sportlichen Übung. Dann nehmen Sie den Druck weg, was passiert? Sie fällt ihnen geradewegs in die Arme.

d) Kuscheln

Männer vergessen oft, dass Frauen sehr viel mehr Zärtlichkeit wollen als Männer. Eine weitere Tatsache aus den Untersuchungen von Dr. Klusmann: 93 Prozent der langjährig gebundenen Frauen bezeichneten sich als der zärtlichkeitsbedürftigere Teil der Partnerschaft. Und wenn Sie bei der Zärtlichkeit knausern, wird die Dame auch keine Erotik retournieren, denn sie fühlt sich nicht ausreichend geliebt. Geben Sie ihr also Zärtlichkeit, dann wird Sie mit vermehrter Lust antworten.

e) Verwöhnen

Wer gibt, dem wird gegeben: Gerade, wenn Sie blockiert, ist es wichtig, einmal all das zu tun, was der weiblichen Lust und dem Wohlbefinden dient. Streicheln Sie, bis der Dame Hören und Sehen vergeht, machen Sie es ihr mit Hand, Mund, was auch immer. Das beweist ihr, dass Sie etwas für die Partnerin tun wollen. Auch das führt dazu, dass sie mehr Lust aufs Miteinander bekommt, denn Sie merkt, es geht nicht nur um Ihre Befriedigung. Sie lieben Sie schließlich, wäre ja noch schöner!

Frauen kommen nicht immer

Ja, beziehungsweise nein, das geht nicht immer. Sie sollten sich hohe Ziele setzen, aber keine unerreichbaren. Es wäre zu viel verlangt, wenn der Sex immer bewusstseinserweiternd wäre und sie immer alles tun müssen, um ihre Partnerin zu befriedigen (die Lady soll schließlich auch etwas beitragen …). Die Studie der Universitätsklinik Hamburg zeigte auch: Beim letzten Sex hatten 92 Prozent der Männer einen Orgasmus, aber nur 68 Prozent der Frauen.

Sie sollten also nicht frustriert sein, Frauen haben es eben etwas schwerer, den sexuellen Höhenflug jedes Mal zu erwischen, das hat nichts mit Ihnen zu tun. Das ist ein Grund, sich besonders anzustrengen, aber auch ein Grund, nicht zu verzweifeln, wenn die Madame nicht jedes Mal kommt, denn das ist normal.

Was man tun kann: Den Sachverhalt akzeptieren, wenn es bei ihr so ist! Nachfragen, ob es so ist. Ob Sie helfen können. Sexualtherapeuten raten zur realistischen Ansprüchen ans Liebesleben. So wie auf der Wetterkarte gibt es auch im Bett mal ein Hoch, mal ein Tief, das kommt und geht. Mit den Tiefs muss man nur richtig umgehen. So wie Sie beim Regen auch seine Nässe nicht verleugnen und lieber mit Regenschirm aus dem Haus gehen, sollte man sich auch bei wenig Lust einfach eingestehen, dass es so ist, und nichts übers Knie brechen. Versuchen Sie nicht, trotzdem loszulegen, wenn die Geliebte nicht echt bei der Sache ist, es gibt nichts Blöderes als eine Gefälligkeitsnummer. Sie können es ja mal wieder ein wenig Petting oder Kuscheln versuchen und abwarten. Zeigen Sie Geduld, wird Ihnen das Ihre Liebste hoch anrechnen. Und wieder auf Sie zukommen.

Frauen kommen nicht immer (mit)

Sexualtherapeut Dr. Siegfried Schnabl aus Hohenstein-Ernstthal sagt: «Zwei Drittel der Paare erleben, dass die Frau langsamer zum Höhepunkt kommt als der Mann. Erhebliche Unterschiede in den sexuellen Bedürfnissen bedeuten für Partnerschaften meist schlechte Prognosen.» Aber zum Glück ist das nicht festgeschrieben, denn wenn das auf zwei Drittel der Paare zutrifft, dann müssen eben zwei Drittel aller Partner darauf eingehen.

Weibliche und männliche Sexualität sind meist (nicht immer) sehr unterschiedlich, Sie müssen sich das so vorstellen wie beim Hochsprung, mit dem Unterschied, dass die Latte für einige Frauen in Relation ziemlich hoch hängt. Männer kommen in diesem Vergleich leicht und schnell und immer (!) drüber, mal mehr, mal weniger schön und elegant, aber sie haben immer Erfolg. Frauen reißen die Latte öfter, weshalb sie eigentlich viel üben sollten, aber manche hängen den Bettsport aus Frustration an den Nagel.

Was man tun kann: Viel Hochsprung mit ihr üben. Ihre Erregung forcieren. Bremsen Sie sich ein bisschen und behalten Sie die Lustentwicklung der Partnerin im Auge, nehmen Sie ihre Lust fest ins Visier, das beugt dem

Frust vor, nicht gleich stark erregt zu sein. Helfen Sie bei ihr ein bisschen nach. Wenn Sie das nicht tun, kann es sein, dass sie frustriert aufgibt, weil sie sich auf Dauer nicht genug befriedigt fühlt. «Dies … zu besprechen gehört allerdings zu den schwierigsten Dingen in der Beziehung. Männer reagieren oft schockiert, gekränkt oder wütend. Oder sie reagieren gar nicht», sagt Psychotherapeutin Gisela Runte. «Das bringt Frauen zum Verstummen. Sie haben keine Lust mehr, um die Lust zu kämpfen.» Gut, dass Sie das jetzt wissen, das beugt vor …

Frauen wissen nicht, was sie wollen

Viele Frauen kennen sich selbst nicht gut genug, erotisch. Sie passen sich immer noch allen Forderungen an, statt das zu tun, was ihnen gut tut. Gisela Runte meint: «Frauen strengen sich generell übermächtig an, um allen Anforderungen gerecht zu werden. Je mehr sie aber versuchen, einem Ideal hinterherzuhecheln, desto weiter entfernen sie sich von sich selbst, von ihren eigenen Bedürfnissen, bis sie ihnen dann irgendwann gar nicht mehr bekannt sind.» Das Ideal, für Sie die tollste Liebhaberin aller Zeiten zu sein, kann die Partnerin von den eigenen Sexwünschen ablenken.

Kein Wunder, dass es Bücher wie «Wege zum weiblichen Orgasmus» gibt, Anleitungen zur Masturbation, worüber Männer nur lachen, was ist da schwierig dran? Alles, für manches Mädel. Manche Frau kennt die Straße zum Glück nicht gut und nimmt manchmal eine falsche Abzweigung. Wenn man übt, wird das mit den Jahren besser: Schon der berühmte Sexualwissenschafter Alfred Kinsey hat festgestellt, dass unter den Frauen mit 20 Jahren erst die Hälfte regelmäßig einen Orgasmus haben, während über 35 Jahren 90 Prozent so weit sind.

Was man tun kann: Sie sind dazu berufen, ihr zu helfen. Finden Sie gemeinsam heraus, was ihr gut tut, je experimenteller und verspielter Sie Liebe machen, umso besser. Bleiben Sie dabei im Dialog darüber, was gut tut. Fragen Sie nach. Lesen Sie gemeinsam ein Sexbuch (etwa von Lou Paget oder das von Christiane Bongertz aus dieser Reihe), führen Sie Spielzeuge ein, das ist Ihre gemeinsame geheime Welt, die Sie entdecken können. Und nur Geduld, wenn's nicht immer gleich klappt wie gewünscht, das Leben ist kein Wunschkonzert. Übung macht den Meister.

Zehn Ideen für mehr Sex und Leidenschaft

1. Alte Gewohnheiten wieder aufleben lassen.

Erinnern Sie sich an Sextechniken, die Sie damals in der Balzphase ausprobiert haben? Wie war es am Anfang? Vielleicht mal wieder zweimal? Dreimal? Von hinten? Mit der Hand? Mit dem Mund? Eine neue Stellung ausprobieren? Ihnen fällt bestimmt einiges ein. Für Kandidaten mit Gedächtnisproblemen noch ein Tipp: Ausdauerndem Streicheln erliegt jede Frau.

2. Vorspiel verlängern

Erzeugen Sie schon vorher eine prickelnde Atmosphäre, indem sie eindeutig zweideutige Komplimente machen («Du hast aber einen offensiven Ausschnitt …»), lustig-schlüpfrige Liebes-SMS schreiben oder am Telefon unvermittelt mit ihr flirten. Eine Frau kommt auf feuchtfröhliche Gedanken, wenn sie begehrt wird. Das ist so eine Art Vorglühen zum Sex. Vermeiden Sie damit, was vielen Männer in einer langen Partnerschaft passiert, nämlich der wie selbstverständliche Gedanke: Weil man eh zusammen ist und es gut läuft, braucht es zum Sex keinen großen Aufwand mehr. Damit liegt man total daneben, nämlich meist neben einer frustrierten Frau, die ein solches Ansinnen abbügelt. Frauen brauchen eine emotionale Verbindung, bevor sie eine körperliche aufbauen. Bedauern Sie es laut oder leise, so ist es eben. Deshalb sollten Sie Händchenhalten, ausdauernde Zungenküsse oder Streicheleinheiten als langes Vorspiel stets beibehalten.

3. Die K-Frage stellen

Man kann es nicht oft genug sagen, auch den Frauen: Die Klitoris ist die Lustzentrale, und wenn Sie nicht anständig stimuliert wird, per Hand oder manchmal auch mit der richtigen Stellung oder anderen Spielmitteln, passiert bei den meisten Frauen gar nichts. Sie drücken ja auch auf den Lichtschalter und nicht auf die Leitung oder sonst wo auf die Wand, wenn es hell werden soll. Nur 30 Prozent der Frauen kommen durch nichts als die gute alte Penetration zum Orgasmus, was schade ist, denn offensichtlich hat Gott oder die Evolution mächtig gepatzt, die Körper von Mann und Frau sind nicht hundertprozentig perfekt aufeinander eingestellt. Zum Glück besitzen wir Vernunft, Erfindungsreichtum und Finger, mit denen wir uns behelfen und vielversprechende Stellungen plus Handspiel ausprobieren können.

Die Missionarsstellung ist keine echte Hilfe, sie wird nur effektiver, wenn Sie mit der Hüfte über die Hüfte Ihrer Partnerin rutschen, denn dann kann sie die Klitoris an ihrem Schambein reiben. Probieren Sie ein bisschen herum und lassen Sie sich weiter einführen (hehe), indem Sie fragen: «Kann ich in der K-Frage noch etwas für dich tun?» Ganz bestimmt können Sie. Und dann geht's ab.

4. Fremdliegen

Nein, nicht was Sie denken. Aber so: Lassen Sie Ihr Bett daheim im Stich und wählen Sie einen anderen erotischen Rahmen, dann fühlt sich eingefahrener Sex wieder ein wenig frischer an. Ein Wochenende im Hotel auf dem Lande (www.romantikhotels.com, www.alacarte.de), bei kleinerem Geldbeutel eine Scheune oder ein Wäldchen, selbst ein anderer Ort in der Wohnung können Wunder wirken.

5. Tagsüber lieben

Klar, Sie können es auch tagsüber mal wieder öfter machen, aber hier geht es um etwas anderes, nämlich darum, tagsüber Liebe zu zeigen, um nachts noch intensiver Liebe zu machen. Dahinter steckt folgender Sachverhalt: Bei Männern steht schnell alles bereit für Sex (das ist ebenfalls erwiesen, es reicht ein schöner Anblick – sogar ein hübsches Bild, wie Dr. Anne Moir und David Jessel in ihrem Buch «Brain Sex» sagen). Bei Frauen tut sich selbst angesichts des prächtigsten Männer-Körperglieds noch nichts, sie kommen da nicht mit, mit der beschleunigten Erregung. Das erklärt, warum Männer Pinups, Pornos und Herrenmagazine erhebend finden, und warum einmal gucken, während die Liebste sich auszieht, schon sehr anregend empfunden wird. Da tut sich umgekehrt für die Dame noch kaum etwas.

Frauen brauchen mehr Stimulation, manuell, aber eben auch verbal, um in Fahrt zu kommen, wie Uwe Hartmann, Sexualwissenschaftler an der Medizinischen Hochschule Hannover, erklärt: «Männer reagieren viel stärker auf optische Reize. Die Lust der Frauen ist mentaler.» Hinzu kommt, dass

Liebe und Sex bei Ihnen zusammengehören. Also müssen Sie sich auf die Suche nach dem An-Knopf im Kopf ihrer Liebsten machen und dann lange verliebt vorglühen – wie oben gesagt am besten schon am Tage. Geben Sie ihr, was Sie zur Lust braucht, eine liebevolle Annäherung. Machen Sie ihr tagsüber verliebten Avancen statt eindeutige Hinweise zu geben, und ernten Sie am Abend eine Frau, die wirklich will. Wenn Sie genug vorgewärmt haben, springt sie schneller an. Insofern ist eine Frau ein Dieselmotor und der Mann der Benziner.

6. Überraschung, Schatz, Sehex!

Rufen Sie das mal, wenn Sie vom Job nach Hause kommen. Träumen Sie nicht weiter von spontanen Quickies, die Sie für nicht möglich halten, fangen Sie jetzt gleich damit an. Spontane Lust bedeutet: Ich begehre dich wie am ersten Tag, und zwar jetzt sofort. Denken Sie sich was Nettes aus, und dann machen Sie es. Kleiner Hinweis: Frauen stehen meist nicht so auf die schnelle Nummer, weil sie Angst haben, sie kämen zu kurz, sprich, sie könnten gar nicht kommen. Deswegen sollten Sie entweder vorher üben und dann länger durchhalten, oder Sie nehmen sich noch Zeit nehmen, um ihr anderweitig zum Oh-Oh zu helfen.

Noch ein kleiner Hinweis: Beachten Sie bitte bei der Quickie-Ausführung auch, was Ihre Liebste gerade vorhat. Steht Sie da und hat Kuchenteig in Arbeit, geht's nicht gleich – warten Sie, bis der Kuchen im Ofen ist, dann haben Sie mindestens die Backzeit. Wenn Sie liest, geht's gut, wenn sie ihre Lieblingsserie sieht, wird sie zögern …. es sei denn, Sie haben den Videorecorder programmiert. Überraschung, Schatz … Und so weiter, Sie verstehen schon.

7. Sie dominiert

Schlagen Sie ihr vor, dass die Liebste heute die Führungsrolle im Bett übernimmt, und Sie folgen, und machen brav, was sie will. Die Grundregel lautet: Madame sagt, was zu tun ist, auf ganzer Linie, sie sagt, was sie will, sie gibt Anweisungen. So fällt es Frauen oft leichter auszusprechen und auszuprobieren, was sie wirklich wollen, weil es Teil einer spielerischen Inszenierung ist (quasi nicht sie selbst …). Vielleicht mag die Lady sich dazu auch etwas verführerischer anziehen, um sich schärfer und damit sicherer zu fühlen, mit Spitzen- oder Satin-Unterwäsche, etwas Schmuck und High-Heels. Macht ist ein großartiges Aphrodisiakum, sie verleiht die Freiheit, zu tun und zu lassen, was man will – seien Sie der Sklave ihrer Lust.

8. Verführung

Solche Szenen lieben Frauen im Film: Der Held verführt die Heldin nach Strich und Faden – das weibliche Publikum schmilzt in die Stühle. Aber auch Männer finden es prima, wenn der Spieß einmal umgedreht wird. Also warum die Sache nicht mal eine amtliche Verführungsszene selber gestalten? Treffen Sie sich angezogen im Wohnzimmer zu einem Aperitif. Der eine hat die Verführ-Aufgabe, der andere reagiert interessiert darauf, hält sich aber erst einmal zurück. Es soll ja nicht so einfach sein, deshalb tut der eine so, also ob Sie jetzt nicht gerade Sex haben wollte: Das «Opfer» schaut fern, liest eine Zeitschrift oder ein Buch (etwas, was man aber auch schnell wieder weglegen kann ...). Dann lenkt der andere ab, fängt ein Gespräch mit einem sexy Inhalt (über einen Film, eine erotische Lesestelle, ein Musikstück) an. Vielleicht Siezen sie sich sogar.

Erinnern Sie sich an Ihre Anfänge, um das richtige Feeling hinzukriegen: Finger sollten wie zufällig auf dem Oberschenkel liegen bleiben, flüchtige Berührungen passieren wie aus Versehen. Fragen Sie naive Fragen wie «Darf ich dich küssen?», dann tun Sie es. Zart fordernd, aber mit einer Spannung, nicht gleich alles wie gewohnt ablaufen lassen. Der, der verführt, soll sich drei Dinge einfallen lassen, die er anders macht als sonst, und fragen: «Wo liebst du es am meisten?», «Wie möchtest du es gern?», auch wenn er das eigentlich ahnt – aber wer weiß schließlich, was diese fremde Frau oder der fremde Mann will? Egal, ob Sie Verführter oder Verführer sind, loben Sie im Bett alles am anderen wie frisch verliebt, das bringt noch mehr auf Touren, genau wie fordernde Küsse. Und dann tun Sie Dinge auch ohne Fragen, denn es soll ja überraschend bleiben. Fallen Sie ja nicht aus der Rolle!

9. Sadomaso für Einsteiger

Vielleicht wollen Sie das Spielchen von Verführen und Verführtwerden auch mal weitertreiben, als echtes Wechselspiel von Hingabe und Macht. Motivieren Sie die Liebste, indem Sie ihr schildern, dass Sie davon träumen, dass sie es einfach mal gerne ausprobieren wollen (statt schlicht zu sagen: Woll'n wir nicht mal?), es muss ja nicht gleich Haue geben, sondern nur Untertänigkeit gegenüber einen sexuellen Bestimmer. Dann machen Sie ein Probetraining: Sie können für den Anfang entweder ein Seidentuch benutzen, oder die Partnerin einfach nur verbal fesseln, also Bewegungen verbieten oder erlauben. Fortgeschrittene kaufen sich im Erotikshop schlichte, softe Hand- und Fußfesseln oder ein Baumwollseil aus dem Baumarkt. Eine Wäscheleine sollten Sie nie benutzen, die schneidet ein. Wenn Sie die Hände fesseln, tun sie es erst nur vor dem Bauch, nicht auf dem Rücken, das ist bequemer und weniger Furcht einflößend, verschärfen können Sie das Ganze immer noch. Vereinbaren Sie unbedingt ein Codewort, das mit dem Thema Sex nichts zu tun hat, also nicht «Nein», denn gerade beim Sadomaso kann ein Nein «weiter so» bedeuten.

10. Zeitlupe

Machen Sie's mal wieder ganz ausführlich und nehmen sich einen ganzen Abend statt nur eine kurze Zeit vor dem Einschlafen für ein sensitives Ergebnis. Es muss ja nicht immer das «es-überkam-uns und ging-ganz-schnell-Ding sein» sondern vielleicht mal wieder langsamer Genießer-Sex. Das ist gut für die Beziehung, denn es schweißt Sie nicht nur körperlich wieder für eine lange Zeit zusammen. Ihr Schlafzimmer ist nicht nur zum Schlafen, auch miteinander da, sondern auch, um sich gegenseitig zu genießen.

8. Zum guten Schluss:

49 Pflegetipps für die Liebe

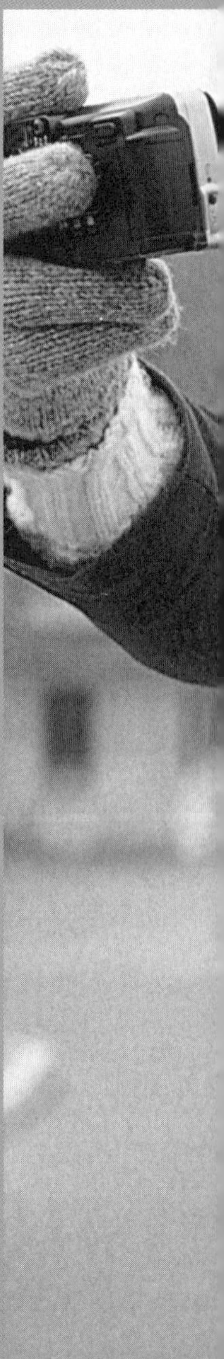

1–15: Liebe erklären (mit und ohne Worte)
19–28: Liebe im Alltag
29–40: Liebe in schwierigen Momenten
41–49: Liebe Überraschungen. So wird ein gewöhnlicher Abend ungewöhnlich

Das Abschlusskapitel ist kleinen Liebeszeichen gewidmet, mit denen Sie Ihr Glück pflegen und die Liebe auf Hochglanz bringen. Aufmerksamkeiten und Liebeserklärungen im Kleinen bringen nämlich Ihr Goldstück zum Strahlen, entspannen den Umgang zwischen Ihnen und laden Ihre Liebste ein, Sie genauso liebevoll zu behandeln – sie wird ihren Göttergeliebten daraufhin umso mehr hegen und pflegen. Sie wird alles für Sie tun. So wird die Partnerschaft leichter, schöner, fester, dauerhafter – und und und.

Der Psychologieprofessor Erich H. Witte von der Universität Hamburg hat 500 Frauen und Männer zu ihren Beziehungserfahrungen befragt, und herausgefunden: Friedliche Konfliktbewältigung war den Teilnehmern der Studie für den Erhalt der großen Liebe am wichtigsten (das hatten wir schon weiter vorne). An zweiter Stelle jedoch wurde die Fähigkeit genannt, das Gefühl für den Partner aufrechtzuerhalten, indem man Zeichen der Liebe gibt und empfängt: Stolze 85 Prozent der Befragten hielten Liebesbeweise in Form von Blicken, Gesten und liebevollem Körperkontakt für wichtig. 75 Prozent fanden darüber hinaus, dass man Zuneigung und Nähe mit kleinen Aufmerksamkeiten oder Geschenken nicht nur an Pflichttagen wie Geburtstag, Jahrestag oder Weihnachten zeigen sollte. Damit Ihnen die Ideen dafür nie ausgehen, bekommen Sie zum Abschluss noch 49 Vorschläge zur Auswahl – Gesten, die Liebe zeigen, im Alltag oder in schwierigen Zeiten. Und dazu gibt's noch ein paar Vorschläge für überraschende Abende für zwei.

Liebe erklären (mit und ohne Worte)

Dies sind die Extras, die Ihre Gefühle verdeutlichen.

1. Zuerst die Kür. **Sie sagen es einfach: «Ich liebe dich.»** Das kann so schwer sein, sagen Sie. Stimmt. Folgendes gilt es zu beachten: Wenn es von Herzen kommt – wie anzunehmen –, erwartet die Partnerin, dass Sie Ihr dabei tief in die Augen gucken. Dann sollten Sie bitte nicht gleich weiter im Text oder mit einer anderen Tätigkeit fortfahren, das ist kein Moment für Alltäglichkeiten, nehmen Sie sich ein bisschen Zeit, denn der Moment will ausgekostet werden. Wenn Sie verlegen sind, geben Sie es ruhig zu, es spricht ja unbedingt für Sie, dass Sie diese Gefühlsdarbietung nicht routiniert abziehen. Das soll übrigens nie so werden, deshalb sollten Sie die drei Worte nicht allzu häufig benutzen.

2. Schreiben Sie Ihre Botschaft an die Liebste auf eine **Plakatwand** im klassischen Format von 3,60 mal 2,60 Metern und pinseln «Ich liebe dich» oder nur ein Herz mit ihrem Namen darauf. Dann laufen Sie mit der Verehrten auf dem Geh-Weg in die Bar oder das Restaurant «zufällig» dort vorbei. Sie sagt dann: «Wie romantisch! Guck mal, da hat jemand «Ich liebe dich» hingeschrieben, und meinen Namen.» – «Ja!», sagen Sie und strahlen die Liebste an.

Man kann solche Flächen bei Außenwerbungs-Unternehmen buchen (in den Gelben Seiten gucken). Die Firma AWK aus Koblenz (www.awk.de) zum Beispiel vermarktet Werbeflächen deutschlandweit und verlangt für den Aushang von Privatleuten etwa 16 Euro pro Tag, die Plakate hängen jeweils zehn oder elf Tage, den Terminen kann man sich aber nicht immer aussuchen (andere buchen ja auch ...). Sie können sogar ein Plakat herstellen lassen (Infos zu Druckereien vermittelt der Außenwerber) oder eine weiße Fläche buchen und die selbst gestalten.

3. Die **günstigere Alternative der Eigen-Außenwerbung** ist, die Botschaft auf die Wand eines Abbruchhauses zu sprühen oder mit Kreide auf den Asphalt vor ihrer Tür zu malen. Zugegeben, das ist ein wenig pubertär, aber macht nicht gerade das den meisten Spaß? Im Winter können Sie auch in den Schnee auf ihrem Auto oder vor ihrem Haus schreiben. Ihnen fällt sicher noch mehr ein.

4. Es soll hier auch noch auf den guten alten **Post-It** hingewiesen werden, den gutmütigen Träger allerlei Kurzinformationen, der dort kleben bleibt, wo Sie

wollen. Mit einem hohen Lied auf die Vorzüge Ihrer Liebsten versehen, einem lieben Wort, einer Liebeserklärung, einem Dankeschön oder einem anderem Text kann er in der Wohnung der Dame hängen bleiben, wenn Sie gehen, am Badspiegel, am Schlüsselbund oder auf dem Kopfkissen nach einer intensiven Nacht (oder auf dem Lenkrad, Geldbeutel, Handtasche, einem Schuh). Textbeispiele: «Danke schön», «Das war wunderschön», «Ich liebe deine Küsse», «Du bist Spitze», «Süßer Hase», «Freue mich schon, dich wieder zu sehen», «... freue mich schon auf unser nächstes Treffen», «Guten Morgen, Schatz». Das ist nichts wahnsinnig Neues, aber wahnsinnig erfreulich für die Adressatin.

5. Ähnlich gut: Schicken Sie mitten im Alltag eine überraschende **Postkarte** an die Liebste, ins Büro oder an die Privatadresse (bei getrennten Urlauben oder Geschäftsreisen in ihr Hotel). Wenn's vertraulich sein soll und der Text Intimitäten enthält, benutzen Sie besser noch einen Briefumschlag. Nichts ist schöner als dieser kleine, überraschende Glücks- und Liebesmoment, wenn der Liebesgruß Ihren Schatz erreicht.

6. Vertrauliche Ansprache. Die meisten Männer finden sie zwar dämlich, aber die meisten Frauen machen sie glücklich, weil sie sehr, sehr liebevoll wirken: **Kosenamen**. Die exklusive Anrede betont die exklusive Nähe zwischen den Partnern. Immerhin sind Sie im Vorteil, denn Sie haben ja die Namensgebung selbst in der Hand, womit Sie abgegriffenen Formulierungen wie «Schatzi» oder «Schnurzel» aus dem Weg gehen können. Wenn eine Frau auch noch ironiebegabt ist, sind sogar Namen wie Schreckschräubchen, Hasenbein, Bombe oder Pfläumchen im Rahmen des Möglichen. Prüfen Sie, was die Partnerin gerade noch lustig, aber trotzdem schmeichelhaft findet.

Im besten Fall entspringt Ihre Idee einem schönen Ereignis (Film, Sex, toller Abend), an dem Sie Spaß miteinander hatten, eine verbale Weiterentwicklung aus dem Erlebten (Beispiele: Sie waren Klettern – Spiderwoman, Sie waren im Heu – Heublume, Sie waren Segeln – Smutje, oder lustiger: Kombüse). So wird ein Kosewort gleich zum Codewort und erinnert beide beim Aussprechen an einen wunderbaren Moment aus dem gemeinsamen Leben.

Eine gute Alternative sind Kosenamen in einer Fremdsprache. Vielleicht klingt ja ein abgegriffenes Wort in der anderen Sprache total interessant? Fangen Sie damit an, wenn Sie im Urlaub in dem entsprechenden Land sind. Schatz heißt zum Beispiel «Darling» auf Englisch, «Kochanie» auf Polnisch, «Tesoro» auf

Italienisch, mein Kätzchen «moj katku» auf Polnisch, «Kitten» auf Englisch und so weiter. Am besten, der Name bezieht sich auf eine Eigenschaft der Dame (etwa: «Dein Nacken ist so weich wie das Fell eines Kätzchens», «Du schnurrst beim Sex wie eine Katze», …). Wenn Sie die Liebste so rufen, schwingt jedes Mal ein ‹Ich liebe dich› mit.

7. **Handgreiflich werden.** Das sollten Sie ab und zu tun, und Ihre Liebste mit einem kurzen Kuss, einem hingebungsvollen Streicheln ihrer körperlichen Bestform (was auch immer das für Sie ist) überraschen. Jede Frau liebt es, wenn der Liebste körperliche Leidenschaft zeigt, vor allem außerhalb des Betts. Das zeigt ihr, dass sie wirklich begehrt wird, denn auf dem heimatlichen Laken ist ihr schon klar, warum Sie sich so auffallend stark für ihren Körper interessieren. Der Trick am sexy Handgriff ist, sie sanft und heimlich zu überraschen, es soll wie eine Miniatur-Verführung wirken, aber so, dass die Umwelt möglichst wenig davon mitbekommt. Die Gute soll spüren, dass sie die zarteste Versuchung aller Zeiten für ihren Geliebten ist. Ebenso verführerisch wird sie sich Ihnen auch bald hingeben.

8. **Sehnsucht inszenieren.** Sie sehen sich gerade nicht so oft. Sie wünschen sich aber, die Liebste zu sehen, jetzt und sofort. Geht nicht? Dann machen Sie, dass es geht! Überraschen Sie die ebenfalls Einsame mit einem **spontanen Besuch** oder richten Sie ein kurzfristiges Treffen ein («Morgen früh zum Frühstück im Kaffee Soundso vor der Arbeit»). Der Clou daran ist die ungewöhnliche Zeit und der ungewöhnliche Ort. Alternativ fahren Sie abends spontan noch zu ihr (aber nur, wenn Sie wissen, die Dame sitzt gerade gelangweilt zu Haus), führen sie aus, gehen noch spät in eine nette Bar. Oder ins Bett. Wie im Film, so heißt es auch im Leben: «Lebe lieber ungewöhnlich.» Weil man dabei spürt, dass man wirklich lebt.

9. **Übermitteltes Verlangen.** Wenn das Treffen aus logistischen Gründen nicht hinhaut, können Sie ihr zumindest via E-Mail, SMS oder Telefon gestehen, dass Sie sie eigentlich jetzt sofort unbedingt treffen müssten. Großes Gefühl! Auch das ist eine Eins-a-Liebeserklärung und erhöht die Betriebstemperatur.

10. **Streicheleinheiten.** Es ist eine mentale und physische Gefühlssensation für eine Frau, wenn ein Mann sich einmal gänzlich **ihrem Körper widmet** und dabei seine eigene Befriedigung uneigennützig sausen lässt. Frauen buchen

das ab unter wahrer Liebe (Motto: Er liebt nicht nur meinen Körper, sondern auch meine unsterbliche Seele), obwohl es sich um eine rein fleischliche Annäherung handelt. Ihre Keuschheit jedoch adelt die Aktivität – dass Sie hoffen, die Dame würde bald unter Ihren Händen zerfließen und sich leidenschaftlich an Sie pressen, brauchen Sie ihr ja nicht zu verraten. Das kann sich ergeben, überlassen Sie in der Kuschelsituation jedoch der Genießerin den ersten Schritt in Richtung Sex.

Seien Sie aber nicht enttäuscht, wenn nichts passiert, trotz tausend Mal berührt, Frauen sind resistenter als Männer. Paradox, aber wahr ist: Je uneigennütziger Sie agieren, umso mehr steigen die Chancen, dass eine Frau tiefenentspannt in erotische Stimmung kommt oder Sie demnächst verführt, als nette Revanche. Die Dame weiß ja sicher, was Sie mögen.

11. Senden Sie **Liebesbotschaften** am, im oder ums **Essen**. Das kriegen Sie gebacken, denn es ist nicht schwer: Mit Lebensmittelfarbe in Schreib-Tuben (gibt's im gut sortierten Supermarkt) können Sie etwas auf einen selbst gemachten oder gekauften Kuchen schreiben. Manche Konditoren können sogar Fotos (von Ihnen beiden) auf Torten zaubern. Oder Sie schreiben einfach mal «Ich liebe dich» mit Filzstift aufs Frühstücksei, kaufen einen herzförmigen Plätzchenausstecher und stechen damit ein Eiscremeherz aus. Im Notfall malen Sie ein Ketchup-Herz auf die Pommes. Was zählt, ist die Botschaft.

12. Liebesbrief. Das ist der Klassiker, der traditionelle Weg, Liebesgeständnisse in unvergängliche Worte zu stanzen. Seine Schwundform, nämlich Postkarte und Post-It hatten wir schon. Das muss man einfach mal machen, denn es ist für die Ewigkeit – was man allerdings auch bedenken sollte: Da die Empfängerin diesen Brief garantiert für die Nachwelt aufbewahrt, sollte man sich auch etwas genauer überlegen, was darin stehen soll. Auch Ihre Enkel sollen schließlich erfahren, was für ein cooler Typ der Opi war, als er jung war.

Weniger begnadete Briefautoren können sich in Internet-Schreib-Foren Rat holen, die oft auch anbieten, Liebesbriefe gegen Gebühr zu schreiben (siehe Kasten). Das handgeschriebene und selbst verfasste Original ist aber eigentlich die einzig empfehlenswerte Variante, denn man sollte seine Liebe besser in schlichten eigenen, aber authentischen Worten ausdrücken als in geschwollenen Schnörkeln, welche die Dame nicht von Ihnen kennt (Reaktion: «Hast das wirklich du geschrieben?»). Als Kompromiss könnten Sie einen solchen Brief als Vorlage benutzen und ihn dann ein wenig umformulieren, damit er Ihnen gemäß klingt.

Liebesbrief-Websites

Tipps & Grußkarten

www.verliebtsein.com
www.loveletters4you.de
www.egruesse.de

Tipps & Ghostwriter

www.liebesbrief-botschaft.de
www.liebesbriefe.de
www.love-letter.de
www.liebesbriefe.ch

Virtuelle Liebesbrief-Generatoren (eher lustig als romantisch …)

www.netfreunde.de
www.cyberito.de

13. Telefonbotschaft. Man kann auch vorgefertigte Sprachbotschaften gegen kleine Gebühr übermitteln lassen, unter www.liebeserklaerung.de kann man sich eine Auswahl anhören und eine Botschaft senden lassen. Oder Sie quatschen der Liebsten etwas Nettes, Heißes, Kluges auf die Mailbox, wenn Sie wissen, dass ihr Handy ausgeschaltet ist, oder aufs Band, wenn sie nicht zu Hause ist. Ein raffiniertes Beispiel: Wenn Sie miteinander aus waren und sich trennen, sprechen Sie aufs Band, wie nett der Abend war, während sie noch in der Straßenbahn sitzt.

14. Geschenke erhalten die Freundschaft und die Liebe erst recht. Dabei zählt für eine Frau bei einem **Überraschungsgeschenk** (jenseits der Pflichttage) weniger der investierte Gegenwert, sondern vielmehr die Größe der Idee. Das weibliche Geschlecht liebt den kleinen, gedankenvollen Einfall besonders («… dass er daran denkt!»), weil das in Kleinformat große Gefühle zum Ausdruck bringt und Einfühlungsvermögen beweist. Dem männlichen Geschlecht fällt gerade so etwas eher schwer, deshalb hier einige Denkanstöße. Diese Fragen können Sie auf die perfekte Geschenkidee bringen:

– Gibt es eine Kleinigkeit, Accessoires, Haushalt, Ausstattung, die Ihre Partnerin schon lange ersetzen will, weil sie oll ist? Man denke in Richtung Wärmflasche,

Flauschhandtuch, Schreibstift, Blöckchen, Wecker, Lesezeichen, Handschuhe, Schwimmbrille, Schlüsselanhänger, Badematte … Eines der Dinge, bei denen man immer denkt, es sei zu schade zum Wegwerfen, weil es ja noch funktioniert, aber eigentlich gäbe es etwas Schöneres. Das kennen Sie doch auch, denn Sie haben sich ein Bein ausgefreut, als Ihre Süße Ihnen neulich den schönen Gürtel geschenkt hat (der alte war schon ziemlich durch). Vorsicht nur bei heiß geliebten Erinnerungsstücken, die Teil der Lebensgeschichte sind, so etwas kann man nicht ersetzen. Schauen Sie sich bei ihr einmal unverbindlich um.

– Hören Sie ab und zu hin, wenn Sie beide zeitunglesend am Frühstückstisch sitzen oder Ihre Freundin am Abend in einer Frauenzeitschrift blättert. Was erzählt Sie Ihnen? Bestimmt zeigt Sie manchmal auf eine Buchrezension, CD-Kritik, ein Konzert oder sonstige Schönheitsartikel, mit dem Kommentar «Das würde mich einmal interessieren». Merken, aufschreiben, heimlich nachblättern, besorgen, schenken, den Jubel anhören, umarmt und geküsst werden!

– Genauso geht's im Supermarkt. Der Wein, Sekt, Saft, die Marmelade, vor denen Sie lange stand, sich das dann aber versagt hat, weil die Feinkost etwas teuer war? Hören Sie hin, ob sie das wirklich gut findet. Dann bringen Sie es einmal überraschend mit und machen Ihre eine Riesenfreude. Noch günstiger geht das mit der Schokolade, die sie sich manchmal gönnt, oder einer Packung Gummibärchen (mit Schleife als Extra) als Seelentröster, wenn im Job harte Zeiten anstehen. Alles gute, simple Ideen. Halten Sie die Augen und Ohren offen.

15. Blumen. Grünzeug mit Stumpf und Stiel, beziehungsweise Stil ist immer ein Bringer, ob selbst gekauft oder vom Lieferdienst. Beim persönlichen Verschenken sollten Sie Folgendes beachten: Kaufen Sie nur ganz frische Blumen, am besten in der Lieblingsfarbe der Dame oder einer verwandten Couleur, vielleicht bedenken Sie auch den Standort (was Farbe der Umgebung, Platzmöglichkeiten und Vasengröße betrifft). Die Anzahl der Blumen sollte X größer/gleich fünf betragen, immer in ungerader Zahl, denn das wirkt schöner. Wenn Sie weniger Geld ausgeben wollen, schenken Sie lieber eine einzelne spektakuläre Blüte statt einen Micker-Strauß.

Ein ins Büro der Auserwählten gesandter Blumengruß (www.fleurop.com, www.valentins.de, www.blume2000.de, www.floraprima.de) kommt nicht nur bei ihr gut an, sondern zeigt auch den Kollegen: Diese Frau wird verehrt und begehrt. So ein Statement lohnt sich, schon damit dieser Schnösel von der Nachbarabteilung erkennt, dass die Dame vergeben ist.

Liebe im Alltag

Kleine Dinge, an die man im ganz normalen Leben denken kann.

16. Haushalts-Hilfe. Sie können Ihrer Partnerin damit eine Freude machen, die gar nichts kostet (außer ein wenig Arbeit, tja). Wer zum Beispiel die feinen Gläser oder das Silber poliert, also eine kleine Extraaufgabe außer der Reihe erledigt, bringt auch die Liebe auf Hochglanz, das ist sogar wissenschaftlich bewiesen (unbedingt darauf achten, dass Ihre Liebste das auch mitbekommt). John Gottman von der University of Washington hat herausgefunden, dass Frauen ihren Partner attraktiver finden, wenn er im Haushalt hilft. Laut einer von ihm durchgeführten Studie betrachten Frauen die Hilfe des Partners als ein Zeichen von Liebe und Unterstützung, außerdem fühlen sie sich dann weniger gestresst. Und wer hat nicht gerne eine völlig entspannte Frau an seiner Seite? Wenn's so einfach ist …

17. Wir-Gefühl. Ein Team ist stark, wenn es eine gemeinsame Vision hat, eine Aufgabe. Also brauchen auch Sie ein gemeinsames Ziel für die Zukunft, auf das Sie hinarbeiten, sei es ein Urlaub in Thailand, ein neues Sofa oder Auto, ein gemeinsamer Ortswechsel, Wohnungswechsel, der Tauchschein, Trauschein, Taufschein (Kind), Hund, Katze, Maus oder Haus. Reden Sie über gemeinsame Wünsche, und machen Sie einen Traum wahr.

18. Komplimente. Komplimente sind wie Schokolade, sie zergehen zart auf der Zunge, und man möchte immer noch ein Stück davon. Also gönnen Sie Ihrem Schatz das Vergnügen, Sie finden die Zuckerschnute doch auch toll, oder? Äußern Sie Ihre Begeisterung nicht ein paar Mal pro Tag, sondern zwei, drei Mal pro Woche, denn wenn das Mädel zu viel süßes Lob bekommt, wird sie übersättigt und bildet sich am Ende noch was ein.

19. Zuhören. Nur nochmal zur Erinnerung: Tun Sie es ganz oder gar nicht. Hören Sie nie mit halbem Ohr zu, es macht eine Frau rasend, wenn sie schön etwas erzählt hat und danach erkennen muss, der Mann an ihrer Seite hat nicht zugehört. Sie würden sich doch auch doof vorkommen, oder? Wenn Sie schon zuhören, dann zeigen Sie Anteilnahme und Verständnis, das zählt, sagt auch Paarpsychologe Gottman. Pflegetipp: Einfach zwischendurch eine offene

Frage einwerfen, also eine, die man nicht mit Ja oder Nein beantworten kann, mit den Frageworten wie, warum und weshalb. So zeigen Sie, dass Sie aktiv zuhören.

20. Erobern. Sie bebt, sie wankt, sie fällt, die stolze Burg, in Ihre Arme, und da bleibt sie auf ewig zufrieden liegen? Leider ist das in der Liebe nicht so. Einmal erobern genügt nicht, beweisen Sie Ihre Helden-Fähigkeit immer wieder. Bedenken Sie, nur dann kann das Burgfräulein immer wieder beglückt in Ihre Arme sinken. Ach!

21. Schöne **Erinnerungen** pflegen. Ach, damals. Ohne Geld, aber mit viel Herzklopfen, das erste Mal gemeinsam im Urlaub … Als Ihre Süße schreiend mit einer Schnecke im Haar ankam und Sie den ersten Auftritt als Retter hatten (die Haare pappten noch ewig). Kramen Sie Fotos von der ersten Zeit heraus und lachen Sie sich gemeinsam dorthin zurück. Erinnerungen halten Paare zusammen wie Schneckenkleisterschleim.

22. Give me a little respect. Das verlangen nicht nur alle Gangsta-Rapper, Aretha Franklin und Martin Luther King, gegenseitiger **Respekt** ist auch ein Merkmal erfolgreicher Paare, sagt Professor Pepper Schwartz von der University of Washington. Respektieren Sie also die Intimsphäre und lassen Sie sich nicht gehen. Hier eine kleine Liste der No-No's: Nasenhaare, kein Deo, ausgebeulte alte Klamotten, pinkeln, während der andere duscht, brüllen, Türen schlagen, Eier schaukeln während der Unterhaltung. Ihre Erzählungen abwürgen, unterbrechen, Frau nicht beachten, vor ihr rülpsen, pupsen, schmatzen, Nase bohren. Respektvoller Umgang erhält die gegenseitige Achtung.

23. Stolz. Noch eine Idee aus der Sammlung von Frau Professor Schwartz, aus der Liste der Eigenschaften, die Paare glücklich machen: Stolz sein auf den Partner und es zeigen. Wann haben Sie die Liebste zuletzt gelobt? So etwas geht bei der Partnerin runter wie Öl und schwemmt sich dann als liebevolles Gefühl für Sie in die weiblichen Blutbahnen und Gehirnwindungen. Kleiner Hinweis: Am überzeugendsten wirkt ein Lob oder Kompliment, wenn Sie ganz konkret benennen, was Ihnen gefällt, gleich mit der Situationsbeschreibung, in denen Ihnen das aufgefallen ist, wie etwa: «Gestern abend, was du da mit deiner Hand gemacht hast, das war wunderbar.» «Ich war stolz auf dich, weil du die Situation mit dem blöden Hausverwalter so gut gelöst hast.» «Dieser Rock steht dir sehr, sehr gut». Oder einfach: «Ich bin stolz, dass ich dich habe.»

24. Zarte Gesten ohne Grund machen aus einer kleinen Bewegung große Liebe, zum Beispiel wenn Sie ihr die Haare aus dem Gesicht streichen, ihr in die Jacke helfen, ihr ein Küsschen auf Stirn, Haare, Nacken oder den nackten Arm geben (hoher Schmelz-dahin-Wert). Auch großartig: Legen Sie die Hand unters Kinn der Süßen, heben Sie es an und küssen Sie die Partnerin sanft auf den Mund. Arm kurz um die Schulter, von hinten umarmen. Oder Sie streicheln kurz über ihre zarte Wange, machen ihr die Jacke zu, legen ihr einen Schal um … ach, man könnte noch ewig so weitermachen.

25. Besondere Augen-Blicke. «Schau mir in die Augen, Kleines.» Sagen Sie es nicht, tun Sie es. Wie Humphrey. Kein Wunder, dass diese Filmszene so berühmt ist, denn bei langen, vielsagenden Blicken (seriös, nicht wie ein waidwunder Rehbock) bekommen Frauen unweigerlich weiche Knie. Geben Sie also hin und wieder den Bogart und fangen Sie die Dame rechtzeitig auf, wenn ihr die Knie versagen.

26. Trennungen. Ja, Sie lesen richtig. Auch Trennungen sind wichtig, um die Liebe zu (be-)kräftigen. Nichts ist unausstehlicher, langweiliger und bedrückender als ein Paar, das alles nur noch im Doppelpack erlebt. Man wird unselbständig, plus, man kreist ständig umeinander und langweilt sich gegenseitig (und den Rest der Welt auch). Siamesische Zwillinge lassen sich nicht zum Spaß unter Riesenaufwand trennen. Getrennte Wege auf Zeit für einen Abend, einen Tag, ein Wochenende oder einen Kurzurlaub sind gut für beide und erfrischen die Liebe – dabei müssen Sie nie ein schlechtes Gewissen haben. Wichtig ist nur die gesunde Balance von Wir- und Ich-Projekten. Wägen Sie das mit Ihrer Liebsten ab.

27. Höflichkeit. Zuvorkommendes Verhalten zeigt Liebe im täglichen Leben, denn es beweist dem Partner, dass er oder sie immer noch etwas Besonderes bedeutet, auch nach 20 gemeinsamen Jahren, Monaten oder Tagen. Dabei muss man sich aber beinahe fragen, ob es wirklich etwas Außergewöhnliches ist, wenn man seiner Gefährtin gegenüber das ist, was man immer ist: ein Mann mit Stil. Warten Sie also zum Beispiel, bis beim Essen das Gericht der Dame kommt, selbst in der Imbissstube, öffnen Sie ihr die Autotür, nicht immer, aber immer wieder, dafür halten Sie ihr aber die Tür jedes Mal auf, wenn Sie in ein Gebäude betreten. Warten Sie in der Stadt, bis die Liebste hinterherkommt, sie hat kürzere Beine, und wenn die Hübsche schon mal extra High Heels trägt, um noch attraktiver auszusehen, sollten Sie sich dessen würdig erweisen und nicht davonhasten. Das ist das Pflichtprogramm des modernen Gentlemans, mit dem Sie überall einen guten Eindruck machen, nicht «nur» bei ihrer Liebsten. Oder soll sie, wenn sie einmal mit einem wohlerzogenen Kollegen oder Freund ausgeht, schmerzlich bemerken, was ihr im Alltag an guter Behandlung fehlt?

28. Total verrückt sein, und damit die Liebste **verrückt machen**: Erinnern Sie sich noch an den letzten Knutschfleck auf dem Po? Wann haben Sie zuletzt spontan nackt Tango getanzt oder saßen morgens um fünf mit einer Flasche Wein noch am Strand (oder im Bett)? Höchste Zeit für neue, verliebte Verrücktheit.

Liebe in schwierigen Momenten

Wenn man es schafft, in anstrengenden Situationen immer noch gut miteinander umzugehen, ist viel für die Liebe gewonnen. Schwer ist's, aber damit wird's leichter:

29. Offene Rechnungen sollten Sie sofort begleichen, nicht nur im finanziellem, sondern auch im emotionalen Bereich. Die Zinssätze im Liebessektor stehen nämlich schlecht, das kann Ihnen jeder Banker sagen, der sich mit Gefühlsanleihen auskennt. Die Überziehungszinsen für eine verspätete Entschuldigung oder eine hinterzogene Richtigstellung sind gewaltig, sie gehen in die Gefühlionen. Manchmal werden die Gefühlsschulden so hoch, dass die Liebe Bankrott geht. Lassen Sie nicht zu, dass Ihre Aktien sinken, reagieren Sie, wenn Sie etwas verbockt haben.

30. Macht. Ständig um die **Macht** in der Beziehung zu streiten ist grober Unfug. Was müssen Sie sich denn beweisen? Sind Sie nur zusammen, damit einer der Stärkere ist? Was haben Sie davon? Ist «Recht haben» eine wichtige Kategorie in der Partnerschaft? Muss man «besser» sein als der, den man liebt? Kann man sich nichts sagen lassen von dem Menschen, den man auserwählt hat? Begibt man sich mit Zugeständnissen wirklich in eine Schwächeposition? Genug gefragt, Sie haben verstanden: Unter einem gemeinsamen Dach funktioniert es nur wie in der Demokratie, mit Freiheit, Gleichheit, Brüderlichkeit. Im Grundgesetz sind Gleichberechtigung, Meinungsfreiheit und Toleranz festgeschrieben, also handeln Sie entsprechend.

31. Lachhaft sein. Eine Eigenschaft, die Sie unbedingt kultivieren sollten, ist **Humor**. Er entschärft Konflikte und Krisen. Bringen Sie Ihre Liebste zum Lachen, gerade wenn ihr zum Weinen ist. Wenn beide sich auf ein Humor-Level einspielen, wird vieles leichter, denn Lachen verbindet. Dann kann man nämlich auch mal von Streitsituationen, die sonst in die Sackgasse führen würden, abbiegen auf einen aussichtsreichen Weg des vollen Verständnisses.

32. Änderungswünsche. Schlagen Sie sich aus dem Kopf, dass Sie Ihre Partnerin ändern könnten. Prüfen Sie am Anfang, ob Sie mit ihren Eigenschaften (vor allem den negativen) auf Dauer leben wollen und können, und dann tun Sie es. Ändern kann sich nur die Dame selbst, und nur wenn sie wirklich will.

33. Entschuldigen. Wenn das nötig ist, sagen Sie es, seien Sie ein Mann. Nuscheln Sie nicht, sagen Sie es nicht irgendwie nebenher, sondern schauen Sie der Partnerin dabei fest in die Augen und sprechen Sie die nötigen drei bis vier Worte deutlich aus, «Ich entschuldige mich», oder «Es tut mir Leid!» Alles andere zählt nicht. Dann haben Sie es auch wirklich hinter sich. Wer's nicht tut, läuft Gefahr, einen ewig geladenen Racheengel neben sich zu haben.

34. Vergeben. Die Kehrseite der Entschuldigung ist die Vergebung. Haben Sie gewusst, das man Vergeben lernen kann, und dass es sogar gesund ist? Das ist das Ergebnis einer Studie von Wissenschaftlern der Stanford-Universität. Wer verzeihen kann, lebt nicht nur psychisch, sondern auch körperlich gesünder, fand der Psychologe Frederic Luskin heraus. 259 Menschen aus dem Großraum San Francisco nahmen für sein Experiment an Sitzungen teil, in denen Vergebung geübt wurde. Ein Großteil der Kandidaten gab danach an, weniger Schmerzen als zuvor zu empfinden, psychische und körperliche Stress-Symptome wie Rückenschmerz, Schlaflosigkeit oder Magenbeschwerden ließen deutlich nach. Ganz davon abgesehen, dass man sich nach der Absolution nicht mehr über das Fehlverhalten des Partners ärgern muss und auch die Partnerschaft nicht weiter mit dem Groll belastet.

Ach ja, falls das Problem andersherum besteht und Ihnen Ihre Liebste einen Fehler nur schwer verzeihen kann, geben Sie der Dame diese Passage zu lesen, denn die Forscher haben ein kleines Lernprogramm aufgestellt, damit jeder verzeihen lernen kann. Der Prozess braucht jedoch Zeit, warnt Robert Enright, Professor für Entwicklungspsychologie der University of Wisconsin in Madison: «Vergeben geht nicht im Handumdrehen. Es ist eine Willenssache, ein Ergebnis eines aktiven Entscheidungsprozesses.»

Vergeben und Vergessen in neun Schritten

Statt Groll ewig mit sich herumzutragen, sollten Sie sich und Ihr Leben erleichtern. Weg damit! Hier werden die wichtigsten Vergebungsschritte, die der Forscher Frederic Luskin anführt, speziell auf die Partnerschaft angewandt.

1. **Hinhören** Was genau fühlen Sie? Versuchen Sie für sich zu formulieren, was am Verhalten Ihrer Liebsten für Sie nicht okay war. Dann erzählen Sie es einem Freund oder einer Freundin (nicht das Verhalten, sondern Ihre Gefühle).
2. **Sagen** Versprechen Sie sich selbst, dass Sie alles tun werden, um sich besser zu fühlen. Sprechen Sie das aus.
3. **Erkennen** Verzeihen bedeutet nicht automatisch versöhnen oder gut finden, was der Partner getan hat. Es geht nur darum, für sich Frieden damit zu machen.
4. **Betrachten** Schauen Sie es sich genau an: Worunter Sie am meisten leiden, sind verletzte Gefühle, negative Gedanken und die körperliche Reaktion, nicht die tatsächliche Verletzung.
5. **Sofortmaßnahme** Wenden Sie eine Anti-Stress-Technik an, wenn Sie sich verletzt fühlen, um die körperliche Reaktion zu mildern. Atmen Sie tief durch, schließen Sie die Augen und zählen Sie auf zehn, zerknüllen Sie (stellvertretend für die Wut gegen die Liebste) ein Papier und werfen es in den Müll, trinken Sie ein Glas Wasser in einem Zug.
6. **Erwartungskorrektur** Korrigieren Sie Ihre Haltung: Hören Sie auf, Verhalten zu erwarten, dass Ihnen die Liebste nicht entgegenbringen will.

Erkennen Sie Ihre persönlichen Regeln darüber, wie die Welt und die Menschen sind oder sein sollen. Man kann nur hoffen, dass der andere dementsprechend handelt, aber man kann es nicht bestimmen.

7. **Neue Wege** Stecken Sie Ihre Energie in die Suche neuer Wege, um in der Partnerschaft Ihr Ziel zu erreichen, statt es noch einmal wie vorher zu versuchen – das ergab nur eine schlechte Erfahrung. Statt zu rekapitulieren, was passiert ist, versuchen Sie es eben anders.
8. **Besser leben** Konzentrieren Sie sich nicht auf die Wunden und Probleme, sondern auf positive Dinge, die sie Ihnen entgegenbringt.
9. **Wendung** Ändern Sie ihre Geschichte von einer Niederlagenstory in eine von heroischer Größe: die Größe, die Sie besitzen, zu vergeben.

35. 15-Minuten-Talk am Abend. Was eine Partnerschaft braucht, ist **Offenheit**. Deshalb sollte man nicht vergessen, die Liebste immer wieder am eigenen Fühlen und Erleben teilhaben zu lassen, sonst kriegt die Partnerin am Ende gar nicht mit, wie es Ihnen geht. Etablieren Sie also eine Gesprachsroutine mit fest etablierter Redezeit. Jeder berichtet, was ihn bewegt – und hört, was auf der Gegenseite vorgeht, bei einem Tee in der Küche, nach der Arbeit, kurz vor dem Schlafengehen, wann es Ihnen passt. Lassen Sie es zur festen Gewohnheit werden, die Eindrücke und Gedanken des Tages auszutauschen.

36. Unterstützen. Ein paar Rotwein zu viel und gut gegessen, da diskutieren alle übers Rentensystem, und Ihre Süße hat sich mit der Argumentation mächtig vergaloppiert. Es wäre nun ein Leichtes, Ihr zu beweisen, wie Unrecht sie hat. Tun Sie es nicht. Sie müssen Ihr jetzt nicht gleich Recht geben, aber unterstützen Sie sie beim geordneten Rückzug, geben Sie ihr Rückendeckung, das ist Ehrensache. Das wird die Liebste Ihnen nie vergessen. Liebe ist, wenn man sich darauf verlassen kann, dass der andere auf der eigenen Seite ist. Manchmal auch blind.

37. Trösten. Wenn er verletzt wurde, ist der erste Impuls des Mannes wie gehabt: Zurückziehen, die eigenen Wunden lecken, ja keinen Schmerz zeigen. Sie allerdings haben jetzt durch Ihre Partnerschaft eine Alternative, und die sollten Sie nutzen: Lassen Sie sich trösten, wozu haben Sie eine verständnisvolle Partnerin. Schließlich sollte man nicht vergessen, dass nicht nur Freude zu teilen einander nahe bringt, sondern auch Leid zu teilen ein Paar zusammenschweißt. Auch wenn Sie Hilfe annehmen, drückt das Liebe aus.

38. Kritik zum Ersten. Lassen Sie **Kritik** nicht zu einer Gewohnheit werden. Permanente Unzufriedenheit tut jedem Menschen weh, umso mehr, wenn Sie vom Partner kommt – dem Mensch, der einen per se uneingeschränkt wunderbar finden sollte. Natürlich verlangt man mit ‹uneingeschränkt› etwas viel, vor allem auf die Dauer. Aber dosieren Sie Missfallen dennoch sparsam, und stellen Sie dabei immer klar, dass Sie die Partnerin gleichzeitig respektieren und generell achten. Psychologieprofessor Erich H. Witte von der Universität Hamburg rät sogar, persönliche Kritik stets an ein positives Signal zu koppeln.

39. Kritik zum Zweiten. Prüfen Sie bitte kurz mal, was genau Sie negativ anmerken. Es passiert nämlich in einer längeren Beziehung oft, dass wir mit der Zeit ausgerechnet das kritisieren, was wir früher am Partner klasse fanden: Früher fanden Sie ihre Selbständigkeit toll, heute finden Sie, die Süße macht zu sehr, was sie will. Nervt Sie heute ihre lässige Einstellung zum Nacktwandeln? Süß war es damals, als zum ersten Mal dieses zarte Unterhöschen Ihren Boden dekorierte – heute finden Sie das anstrengend. Früher liebten Sie ihre kreative Ader, heute nervt sie die Bastelei. Erst haben Sie die Partnerin dafür gelobt, heute ärgern Sie sich drüber – und das findet Madame natürlich ungerecht. Unterscheiden Sie also ab jetzt Wichtiges von Unwichtigem, manches erweist sich als im Alltag nicht akzeptabel (Unterhöschen), andere Dinge könnten Sie vielleicht auch mal wieder lockerer sehen (Nacktlauf, Malen).

40. Kritik zum Dritten. Noch ein Argument, ein wissenschaftliches: «Nörgeln verringert die Vertrautheit zwischen Partnern», sagt Psychologieprofessorin Betty Witcher von der University of North Carolina in Chapel Hill. In einer Studie fand Witcher heraus, dass es für die Beziehung wichtiger ist, Verhaltensweisen wie Nörgeln und einander Anschreien zu meiden, als kleine Liebesbeweise zu erbringen.

Liebe Überraschungen: So wird ein gewöhnlicher Abend ungewöhnlich

41. Inhouse-Picknick Kaufen Sie Baguette, Käse, Wein und Obst und Eis. Zu Hause legen Sie eine Decke auf den Wohnzimmerfußboden und legen gute Musik auf, vielleicht beleuchten Sie die Szene nur mit Kerzen.

42. Outhouse-Kuscheln Kuscheln im Freien? Tja, schauen Sie sich mal die ganzen verliebten jungen Pärchen an, da kann man sich ein Scheibchen abschneiden: Auch Sie könnten mal wieder auf einem Spaziergang die Seele baumeln lassen, während Sie Händchen halten oder auf einer schönen Bank mit Ausblick (oder ohne Einblick), ah ja, ein bisschen ... knutschen.

43. Badeabend Kaufen Sie einen kleinen Beutel und füllen Sie ihn mit Beauty-Einmalprodukten aus dem Drogeriemarkt, z. B. einem Relax-Bad, einer Feuchtigkeitsmaske (gibt's auch als Einmalpackung, Feuchtigkeit spendend ist immer gut), ein Kerzchen für den Badewannenrand, einen Schwamm. Auf einem beigefügten Zettel steht: «Heute Abend ist dein Körper in meiner Hand.» Dann darf Sie in der Wanne entspannen, wobei Sie anbieten, ihr den Rücken zu reiben, ihr den Luxuskörper mit einem (auf der Heizung vorgewärmten!) Handtuch abzutrocknen und sie von Kopf bis Fuß einzucremen. Fortsetzung folgt ...

44. Lange Filmnacht Leihen Sie in einer Videothek den ersten Film, den Sie damals gemeinsam gesehen haben (und noch toll finden), oder einen neuen Liebesfilm. Dazu gibt es Cola, Popcorn und heiße Küsse, wie damals im Kino.

45. Tour de Surprise Sie holen Ihre Liebste vom Job ab und fahren an einen für Ihre Liebe signifikanten Ort, den Aussichtspunkt, an dem Sie sich zuerst küssten, die Stelle, an der Sie sich zuerst sahen, ins Restaurant, wo Sie zuerst ausgingen, die Waldlichtung, auf der Sie zuerst .... Sie wird dahinschmelzen. Alternative: Sie begründen einen neuen signifikanten Liebesort!

46. Hollywood-Abend Bestellen Sie zwei schöne Karten für einen netten Liebesfilm (es sollte was mit Happy-End sein) und besorgen Sie ein paar exquisite

Häppchen (in der Tasche schmuggeln, alternativ selber Schnittchen präparieren) und Kaltgetränke dazu von der Kinobar. So einfach ist das. Film ab.

47. Liebes-Abend (I). Planen Sie ab und zu ein echtes Date zu zweit ein, so wie in alten Zeiten (das gilt vor allem für Paare, die schon lange zusammen sind). Statt zu Hause auf dem Sofa abzuschlaffen, machen Sie etwas Besonderes, eine Radtour, Sie besuchen ein neues Restaurant, gehen bowlen, Blumen pflücken, Boot fahren, auf ein Konzert und so weiter. Alles, was Sie sonst eben nicht verwirklichen – nur so kommt man heraus aus dem Alltagstrott.

48. Liebes-Abend (II) mit Zeit für Sex. Was für verliebte Stunden gilt, kann man auch auf verspielte Stunden anwenden. Machen Sie's also beim nächsten Mal nicht nur nebenbei vor dem Schlafengehen, sondern planen Sie mehr intime Zeit ein. Wenn man Muße hat, muss man sich nämlich auch ein paar Gedanken machen, was man außerhalb des Üblichen so anfangen könnte miteinander. Das bringt beide aus der Routine und auf neue Ideen. 77 Prozent aller Spanier übrigens legen eine genaue Uhrzeit fest, wann sie sich zum Liebesspiel treffen, 52 Prozent von ihnen sogar einen Wochentag, berichtet die spanische Gesellschaft für Sexologie, und 86 Prozent sind sehr glücklich damit. Auch der Sexualwissenschaftler Professor Uwe Hartmann von der Universität Hannover riet in einem Interview: «Für Sex und Lust muss Zeit reserviert werden. Planen Sie!»

Und zum Schluss:

49. Mut zu mehr. Klar, Sie möchten sich schützen und nicht so schnell auf so viel Nähe einlassen. Pustekuchen. Wer eine Partnerschaft eingeht, braucht Mut, so viel wie für einen Hochseilakt ohne Netz und doppelten Boden, nur mit Vorsicht und Trippelschritten funktioniert das emotionale Unternehmen nicht. Es ist wie Laufen auf dem Hochseil, mit halber Kraft geht es nicht. Lassen Sie sich also auf das Experiment ein, ganz oder gar nicht. Und wenn es eines Tages dazu kommt und die Dame die Richtige ist, drehen Sie das Rad Ihrer Geschichte weiter: Erklären Sie Liebe, ziehen Sie zusammen, versprechen Sie sich, heiraten Sie, pflanzen Sie einen Baum, zeugen Sie ein Kind. Sie werden sehen: Im richtigen Moment fühlt sich das richtig an. Richtig gut.

Happy End

Literatur

Bodenmann, Guy und Cina, Annette: *Woran Beziehungen scheitern.* In Psychologie Heute, Ausgabe 7/2003

Bodenmann, Guy: *Beziehungskrisen: Erkennen, verstehen, bewältigen.* Huber 2002

Bodenmann, Guy: *Stress und Coping bei Paaren.* Hogrefe 2000

Bodenmann, Guy: *Kompetenzen für die Partnerschaft. Das Freiburger Stresspräventionstraining.* Reihe Familienbildung und Beratung. Juventa 2000

Bodenmann, Guy: *Stress und Partnerschaft. Gemeinsam den Alltag bewältigen.* Huber 1997

Conner, Michael G.: *Understanding the Difference between Men and Women.* Im Internet veröffentlichtes Manuskript. Siehe http://www.oregoncounseling.org/

Danbek, Katja: *Das Geheimnis glücklicher Paare.* Rowohlt, Reinbek 2002

Engl, Joachim und Thurmaier, Franz: *Wie redest du mit mir? Fehler und Möglichkeiten in der Paarkommunikation.* Herder Spektrum 1995

Felser, Georg: *Bin ich so, wie du mich siehst?* Verlag C.H. Beck 1999

Fritz, Hannelore: *Besser leben mit work-life balance.* Eichborn 2003

Gottman, John M.: *Die 7 Geheimnisse der glücklichen Ehe.* Marion von Schröder 1999

Heer, Klaus: *WonneWorte. Lustvolle Entführung aus der sexuellen Sprachlosigkeit.* Rororo Sachbuch 2002

Jellouschek, Hans: *Beziehung & Bezauberung.* Kreuz 2000

Jellouschek, Hans: *Die Kunst als Paar zu leben.* Kreuz 1992

Luskin, Fred: *Die Kunst zu verzeihen. So werfen Sie Ballast von der Seele.* MVG-Verlag 2003

Moeller, Michael Lukas: *Wie die Liebe anfängt. Die ersten drei Minuten.* Rowohlt 2002

Moeller, Michael Lukas: *Gelegenheit macht Liebe. Glücksbedingungen der Partnerschaft* Rowohlt 2001

Moir, Anne und Jessel, David: BrainSex. Econ 1996

Runte, Gisela und Nuber, Ursula: *«Nimm zwei!» Interview über das weibliche Begehren und untreue Frauen.* In Psychologie Heute, Ausgabe 6/2003

Schwartz, Pepper: *Vergessen Sie alles, was Sie über Sex und Liebe wissen, und lesen Sie dieses Buch! 25 Lügen über die Liebe.* Ariston 2002

Schneewind, Klaus A., und Wunderer, Eva: *«Das Beziehungsrezept».* In Psychologie Heute, Ausgabe 7/2003

Troxler, Werner: *Liebe, Zoff und Zank, Ein praktischer Streitführer.* Pendo-Verlag 2002

Wieck, Wilfried: *Die Erotik des Mannes.* Kreuz 2002

Willen, Günter: *Wer das liest, lebt länger.* Scherz-Verlag 2003

Stichwortverzeichnis

Bildnachweis

Digitalvision Seite 73, 93, 171
Electravision Seite 9, 29
EyeWire Seite 45, 95
Imagesource Seite 127
Photodisc Seite 1, 2, 155

Über die Autorin

Christiane Kolb, geboren 1969, studierte Politikwissenschaft und Germanistik in Deutschland und den USA. Sie schreibt seit fünf Jahren für Men's Health und betreute dort zwei Jahre lang die Ressorts Partnerschaft, Erotik und Lebensart. Inzwischen veröffentlicht sie als freie Journalistin außerdem Texte in zahlreichen Frauenzeitschriften – natürlich mit Schwerpunkt auf den Themen Liebe und Leben.